마음을 가지런히

오늘도   흔들리는 당신을 위한   심리 에세이.

프롤로그

요가를 시작할 때면 언제나 눈을 감고
몸에 집중하라는 주문을 받는다.
그럴 때면 일상 속 내 의식이 초 단위로 시공간을 누비며
날뛰고 있다는 것을 알게 된다.
십년 전 누군가에게 들은 악담부터
내일 먹을 점심 메뉴, 원고 마감 기한,
보면서 가슴이 콱 막히던 각종 뉴스까지 달려들어
내 의식은 채 십 초도 몸에 붙들려 있지 못한다.
수련이 부족한 나는 요가 동작이 시작되어
육체적 긴장과 고통에 의식이 빨려 들어갈 때야
비로소 혼돈에서 벗어난다.

어른이 되어 나이먹고 있다는 것은 그 자체로
이미 셀 수 없는 고통과 깨달음을 거쳐 왔다는 의미다.
덕분에 담고 있는 내적 자산이 많아져
더 어릴 때보다 삶에 담담할 수 있다.
그러나 주기적으로 삶을 휘젓는 일은 생기기 마련이고,
그럴 때마다 먼지만큼 가벼운 의식은 폭풍을 만난 듯
어지럽게 부유하며 시야를 뿌옇게 만든다.
아는 것, 가진 것이 많아질수록 혼돈도 짙어진다.
우리가 할 수 있는 일은 먼지가 가라앉을 때까지
가만히 기다리는 것이다.
하지만 십 초의 시간조차 가둬둘 수 없는
생각의 잡동사니들은 어떤 계기를 만나면 더 요동쳐
우리의 내면에 상처를 낸다.
이런 시간이 길고 잦아질수록 삶의 질은 떨어진다.

적지 않은 시간 쉬지 않고 책을 쓰고
유튜브 영상을 만들며 내가 하고 싶었던 일은
결국 '마음의 정리'가 아니었을까 싶다.
인간으로 태어났기에 필연적으로 겪는 다양한 고통들은
그것을 스스로 해석하고 분류하고 정리할 때
줄어들거나 사라진다는 것을
수많은 길을 돌고 돌아 알게 되었다.

이 책은 혼돈의 고통을 스스로 줄일 수 있게 돕는
마음 정리 안내서다.

나는 왜 이럴까?
저 사람은 왜 저럴까?
나한테 왜 이런 일이 일어날까?
세상은 왜 이럴까?

내 안에서 자꾸 '왜'라는 질문이 일어날 때가
바로 마음 정리 매뉴얼이 필요한 때다.
그러나 인생 사건에 휘말려
아무것도 눈에 들어오지 않을 때보다는
뭔가를 정리할 여유가 남아 있을 때
가만히 이 책을 들여다보기 권한다.
그래야 삶을 휘젓는 일을 만났을 때
차곡차곡 정리된 마음의 창고에서
해법을 찾아 꺼내들 수 있을 것이다.

어지러운 세상에서
당신만의 고요를 찾기를 응원하며
2025년 2월. 남인숙

005 프롤로그

part. 1
나를 이해하는 기술

015 생각의 한 톨까지 적는다는 것

020 누군가가 지독히 싫어질 때

027 그 일을 할까 말까
결정해야 할 지점에서

035 나 자신을 사랑하고 싶어질 때

042 도대체 '나를 안다는 것'이 뭔데?

049 내가 바라는 것을 명확하게 아는 법

054 혹시 달리기를 해볼까
생각만 하고 있다면

part. 2
일상에서 의미 찾기

063 이 시대, 모든 사람이
    작가가 되어야 하는 이유

072 책을 읽는 일에
    망설임을 느끼게 된다면

080 선하게 살 필요가 있을까
    마음이 흔들릴 때

090 운 좋은 사람이 되는 건 의외로 쉽다

098 혼돈의 묘약, 자아통제감

part. 3

정리하고

선택하는

힘

109 꼭 필요한 물건만 남기는 연습해 보기

118 누군가에게
     작고 무해한 부탁을 해보기

126 인생의 랜덤을 받아들이기

133 자꾸만 잘못된 선택을 하는
     나 자신에 대한 대처

143 사랑받기보다 존중받기를 선택하기

151 주저앉아 차근차근 풀면
     엉킨 실타래는 풀린다

part. 4

나를
　지키며
앞으로
나아가기

- 159　상처를 가진 채로도
　　　괜찮은 삶을 살 수 있다는 사실을 믿기

- 167　'그냥' 한다는 것의 힘을 믿어보기

- 175　화가 날 때는 중요한 결정을 하지 말 것

- 181　나쁜 기분에서 나를 구해내는 법

- 188　행복을 위해서는 '적당한 고통'이
　　　필요하다는 걸 기억하기

- 195　너무나 빨리 변하는 세상에
　　　의연히 적응하는 법

- 200　에필로그

part. 1
나를　　
　　　　
이해하는
　　기술

생각의
한 톨까지
적는다는 것。

 출근이 따로 없는 프리랜서에게도 월요일 아침은 피로와 혼돈의 시간이다. 업무 메시지나 이메일, 전화 등이 몰리고 주말 동안 해야겠다고 생각한 일들까지 겹쳐 어수선하다. 무언가를 하면서도 다른 할 일이 생각나 집중하기 어렵고, 업무와 사생활까지 한 덩어리로 뒤엉켜 마음을 짓누른다. 그러다 유난히 일이 몰린 날은 아무것도 할 수 없게 되어 소파에 벌렁 누워버리기도 한다.

언제부터인가 나는 백만 가지의 할 일들이 머릿속에서 서로 자기 주장을 할 때 이 사소한 광기를 가라앉히는 손쉬운 방법을 발견했다.

해야 할 일을 모두 하나하나 종이에 리스트 형태로 적는 것이다. 여기서 중요한 점은 일을 최소 단위로 쪼개서 적는 것이다.

'업무 메일 보내기'가 아니라 'A사에 ○○건 답변 보내기', 'B에게 ○○문서 보내기' 등으로 나눠서 쓴다.

'집 청소하기'가 아니라 '세탁기 흰 빨래 돌리기', '설거지하기', '거실 책상 걸레질하기'로 쓴다.

'은행업무 보기'가 아니라 '소득세 신고하기', '○○에 송금하기' 등으로 쓴다.

분자가 아니라, 원자 단위로 쪼갠다고 생각하고 쓴다. 업무 스케줄러 등에 적어 놓은 내용이 있다면 그것들까지 통합해서 빠짐없이 적는다.

종이에 펜으로 적는 이유는 이게 생각의 형태와 더 닮아 있기 때문이다. 줄바꿈이나 문단 선택, 붙이기를 하는 것보다는 보이는 공간에 제멋대로 펜질하는 게 더 쉽게 적힌다. 기기를 켜 어플을 여는 동안 생각이 중

발되고 엉뚱한 짓을 하게 되는 것도 무시할 수 없다. 스크롤을 하지 않아도 내용의 부피가 한눈에 보이고 만져진다는 점도 좋다.

일단 적는 행위 자체만으로도 막연한 불안이 가라앉는다. 보통 일이 뒤엉켜 있을 때 '앗, A사에 이메일도 보내야 하는데!'라고 스치는 생각 같은 건 걱정이라는 감정만 남긴 채 사라진다. 형체도 없이 유령처럼 마음만 긁어대는 일을 글이라는 구체적인 형식으로 잡아놓는 것이 안정감을 주는 것이다.

이렇게 적다 보면 보통 삼사십 개 정도의 항목이 생긴다. 백만 개인 줄 알았던 것 치고는 적다. 최소 단위로 쪼개진 '할 일의 이름'은 더 생각을 보태지 않고 쉽게 행동할 수 있게 해 준다. '은행업무 보기'라는 뭉뚱그려진 항목이었다면, 그게 자세히 뭐였는지 다시 생각해야 하지만, '○○에 송금하기'라고 적혀 있으므로 그냥 하면 된다.

줄을 그어가며 이 작은 미션을 하나하나 수행하다 보면 한두 시간 안에 모든 일이 끝난다. 이전에는 종일 할 일이 많다며 스트레스를 받고도 다음날 깜빡한 일이 기억나곤 했던 일과가 순식간에 소거된다.

    이제 나는 잡무를 볼 때만이 아니라 생각과 감정이 얽혀 교감신경을 자극해대고 있다는 걸 알아차릴 때마다 펜을 든다. 생각과 감정에 이름을 붙이고 조르르 줄을 세운다. 그러면 '네 이름을 말하라'고 윽박지르는 구마 사제에게 실토하고 파스스 숨을 죽이는 영화 속 악마처럼 내면의 혼돈이 힘을 잃는다.
    어쩌면 오랫동안 인간의 구전으로 존재를 이어오고 있는 악마의 정체는 우리가 이름 붙이지 못한 마음속 혼돈이 아닐까?

30분 정도 혼자만의 시간을 확보한 다음
백지와 펜을 준비하세요.
그리고는 지금 느끼는 감정,
머리에 떠올랐다 사라지는 생각을
리스트로 적어보세요.
지금 자신을 힘들게 하는 주제가 있다면
리스트에 제목을 붙이면 더 좋습니다.
예를 들어 '오늘 해야 할 일',
'지금 나를 우울하게 하는 것들' 이런 식으로요.
항목마다 이름 붙이듯 차근차근 적어 나갑니다.
뭉뚱그려서 쓰지 말고 최대한 구체적으로 씁니다.
'나를 우울하게 하는 것들'을 주제로 리스트를 쓴다면,
'인간에 환멸이 느껴져서'라고 쓰기보다는
'A가 내 뒷담화를 하는 걸 알게 돼서'라고 쓰는 게 좋습니다.
생각이나 감정을 쪼개서
이름 붙이다 보면,
저절로 정리가 되는 것을 느끼게 됩니다.

누군가가
　　　　[지][독][히]
　　싫어질 때。

    한때 '마음으로만 짓는 죄도 죄다'라는 말이 마음을 짓누르던 시기가 있었다. 스쳐 간 어떤 생각만으로도 죄책감을 느끼고 자기혐오에 빠지곤 했다. 하지만 지금은 알겠다. 그런 금과옥조들은 정말 생각과 행동의 무게가 같다는 뜻이 아니라 생각부터 뜯어고치는 척이라도 하라는 자기반성 요구였다는 것을 말이다. 그렇지 않다면 이런 말이 몇 번이나 나오는 성경에서 인간은 몽땅 죄인이라고 단정할 리가 없다.

사람을 들여다보는 경험이 늘어나면서 알게 되는 것은, 인간은 대체로 유명한 시구에 나오는 풀꽃 같지 않아서 자세하게 오래 볼수록 아름답지 않다는 것이다. 적당한 거리에서 적당하게 보아야 아름답다. 이걸 알게 되면 오히려 세상에 대한 냉소보다는 안도감을 느끼게 된다. 내가 때때로 자신에 대해, 그리고 타인에 대해 느끼는 부정적인 감정이 나만의 것이 아니었다는 사실이 내가 할 수 있는 일을 알려주기 때문이다.

전에 어느 유명한 배우를 남몰래 싫어했던 적이 있다. 관심이 가는데도 그 배우가 출연하기 때문에 보지 못하는 작품들이 더러 있었다. 특별한 이유는 없었다. 처음에는 명성에 비해 연기를 못하는 것이 이유라고 여겼지만 더 미흡한데도 호감인 경우도 있는 걸 보고는 '그냥' 싫어하는 것이라는 걸 인정할 수밖에 없었다. 어느 날 그를 실제로 볼 기회가 있었는데 마주치는 사람들을 다정하게 대하려 애쓰는 모습이 눈에 들어왔다. 그 이후부터 그를 싫어하는 마음이 감쪽같이 사라졌다.

단지 못생긴 마음을 품는 것과 말, 글, 행동으로 드러내는 것 사이에는 수천 광년만큼의 간극이 있다. 마음은 잠시 응어리졌다가 풀리기도 하고, 바람이나 물처럼 강렬하게 존재했다가 이내 사라지기도 한다. 내가 그 배우를 싫어했던 마음이 사소한 계기로 지워진 것처럼 말이다. 하지만 내가 그 마음을 어떤 행동으로 옮겼으면 어땠을까? 악플을 달거나, 루머 글을 커뮤니티 게시판에 쓰거나, 마주쳤을 때 직접 악담을 퍼붓기라도 했다면?

행동은 희미한 얼룩도 남기지 않고 기화하는 마음과는 다르다. 내 유해한 실천은 형태를 가진 악이 되어 나를 진짜 악인으로 만들었을 것이다.

누군가를 싫어하고 미워하는 마음이 든다면 그걸 그대로 인정하는 게 낫다. 생각해 보면 우리는 별다른 이유 없이 사랑에 빠지기도 하지 않는가. 크게 다른 MHC 유전자를 가진 남녀가 서로 본능적인 호감을 느낀다는 연구가 있듯 나를 구성하는 모종의 요소가 밀어내는 사람이나 상황도 있을 것이다. 이런 원리를 순순히 받아들이면 된다.

감정은 시간이 지나면 힘을 잃는다. 하지만 내가 나쁜 사람이 되기 싫어서 그 감정을 인정하지 않으면 상대를 싫어하는 이유를 애써 찾거나 심지어 만들기도 하고 이건 더 자연스럽게 행동으로 이어지게 된다.

마냥 냉소적이던 시기에는 마음과 다른 태도를 유지하는 게 사회에서 환영받는 현실이 못마땅했다. 거절을 생각하고 있으면서도 온화한 표정을 유지하는 사람들에게 환멸을 느꼈다. 냉대받지 않기 위해 그들을 닮아가는 자신의 모습을 보는 것은 고통스럽기도 했다.

하지만 성숙한 사람들에게서 구원과 영감을 얻는 경험이 쌓이면서 내가 위선이라고 불렀던 것이 대체로 진짜 선이었음을 깨닫게 되었다. 쉼 없이 변덕을 부리는 마음이나 기분 따위에 휘둘리지 않고 타인에게 나쁜 영향을 끼칠 수 있는 행동을 통제하는 게 선인 것이다. 간혹 선의를 잔뜩 품고 있으면서도 태도 관리가 서툴러 끊임없이 사람들에게 생채기를 내는 이들의 모습은 거기에 확신을 보탠다.

마음속 깊이까지 이타심이 있고 그게 저절로 진심

이 되어 행동으로 드러나는 것만을 선으로 여긴다면 그저 세상을 싫어하는 투덜이로 일생을 살아야 할 것이다.

내 마음이 마음에 들지 않는다면 내가 조절할 수 있는 유일한 것, 태도를 가다듬는다고 생각하면 된다. 그 태도가 '사람에 대한 예의를 갖춘다'는 큰 틀의 선의 안에서 이루어진다면 마음도 거기에 조응한다.

이를테면 누군가를 지독히 싫어하는 마음을 품고도 연기를 하는 것은 기만이지만, 그 마음의 거리를 인정하고 예의를 지키는 것은 처세다.

사람들을 온통 가식으로 대하는 건 고통스럽기 때문에 오래 가지 못한다. 이걸 잘한다는 반사회적 인격장애인들조차도 내적 고통을 겪으며, 그 고통은 타인을 희생시키는 원인이자 결과가 된다. 하지만 태도에 초점을 맞추면 우리는 태생적으로 누구나 어느 정도는 못생긴 마음의 한계 안에서 최선을 다하는 사람이 된다. 그리고 그건 의외로 아름답다.

나 자신의 감정과 행복을 가장 앞에 두고, 그것 때문에 사람들이 다치지 않게 (혹은 덜 다치게) 애쓰는 것 정도가 평범한 사람의 선함일 것이다.

이솝이 말했다. 평생 착한 척하고 살다가 들키지 않고 죽으면 그게 착한 사람인 거라고.

타인에 대해 부정적인 감정이 들거나,
어떤 상황에서 이기적인 생각이 든다면
그 감정을 그대로 인정하고 받아들이세요.
'이게 인간이려니' 하면서요.
굳이 그 사람의 단점을 찾아내
내 감정을 정당화하며 강화시킬 필요 없습니다.
그리고 그 상황에서 마음의 거리를 두고
태도만 관리하겠다고 생각해 보세요.
'좋은 사람'이 아니라
'태도가 좋은 사람'이 되겠다고 생각하면
보다 정리가 쉽습니다.

그 일을
□할□까□ □말□까□
결정해야 할 지점에서。

   크고 작은 성공 경험은 한 사람의 일생에서 그 자체로 큰 자산이 된다. 그게 결과적으로 금전이나 명예 같은 걸로 치환되지 않아도 그렇다. 그 추억이 인생 하강기에 자아가 밑바닥으로 같이 끌려 내려가지 않게 지탱해 준다.
   하지만 이런 성공 경험은 크고 단발적인 것에 그쳤을 때 '좋았던 시절' 타령만 하는 비루한 어른을 양산하기도 한다. 그런 이들은 삶의 이면에 늘 존재하는 사소한 쾌감을 현재로 불러오기 위해 더 많은 노력을 해야 한다. 사람을 정말 행복하게 하는 것은 지속적으로 쌓이는 작은 성공들이다.

그래서 우리 모두에게는 성공이 필요하다.

성공의 단위를 어느 정도 축소해 놓고 들여다보면 경솔한 사람들이 성공하는 경우가 꽤 많다는 걸 알게 된다. 경솔한 사람은 별 생각 없이 뭔가를 시도하고, 신중한 사람이 세 번쯤 시도해서 성공할 일을 열 번 해 보고 결실을 얻는다. 대부분의 신중한 사람들은 한 번 시도하는 것도 어렵기 때문에 성공 경험이 없는 경우도 많다. 여기서 성공이라는 개념과 연결되는 단어는 어렵지 않게 특정된다.

'행동'

나는 천성적으로 생각을 행동으로 옮기는 과정에서 에너지가 많이 드는 종류의 인간이다. 이런 사람들은 생각이 많거나 기력이 없거나 예민하며, 나는 세 경우 모두에 해당된다. 뭔가를 해야 한다는 사실을 알게 될 때 가장 먼저 느껴지는 감정은 '귀찮음'이다.

이런 내가 처음으로 성공으로 분류되는 경험을 한 건 작가 데뷔였다. 글 써서 밥 먹고 살겠다는 결심을 하기는 했는데 막막하기 짝이 없었다. 그래서 작품 백 편을 쓰기로 했다. 그 백 편이 모두 공모전에서 탈락하면 깨끗하게 포기하고 다른 직업을 찾아보기로 했다. 결과적으로 나는 두 번째 완성한 작품으로 작가가 되어 수십 년째 글밥을 먹고 살고 있다. 그때의 나는 운이 좋았다고 생각했고 훗날 이 이야기를 들은 사람들은 내가 재능이 있었던 거 아니냐고 되묻는다. 그러나 모두 틀렸다. 지금의 나는 단순하고도 명확하게 그 인과관계를 설명할 수 있다.

그냥 내가 작품 두 개를 썼기 때문에 그 첫 성공을 할 수 있었던 것이다. 그전까지 마주쳤던 수많은 작가 지망생 중에서 자기 작품을 끝까지 써서 완성해 본 사람은 나밖에 없었다.

'무언가를 한다'가 '무언가가 된다'로 변하는 과정에는, 우리가 상상하는 만큼의 복잡성이 없다. 하다 보면 덜컥 되어 버리는 일이 꽤 자주 벌어진다.

이 연결 관계를 눈치 챈 사람이라면 생각하는 것을 행동으로 옮기는 일을 점점 더 쉽게 할 수 있게 된다. 그리고 그때부터는 실패를 하지 않는 사람이 된다. 행동 자체가 효율적인 학습 과정이라는 걸 알기 때문에 바로 성과가 나오지 않더라도 그 일이 실패로 분류되지 않기 때문이다.

언제부터인가 나는 '갈까 말까 할 때는 간다'라는 말을 자주 되뇐다. 이건 어떤 행동을 해야 할지 결정할 때 꺼내드는 판독기 같은 것이다. 웬만하면 일을 벌이는 게 귀찮기 때문에 오로지 가기 싫다는 생각이 든다면 가지 않는다. 하지만 이런 내가 '갈까 말까'라는 갈등을 한다면 이미 가볼 만한 가치가 있다고 내적 판단을 내린 것이므로 더 이상 전두엽을 괴롭히지 말고 무조건 가는 것으로 지침을 정해두는 것이다. 그렇게 제법 적극적인 듯 수동적으로 간 곳에서 지금의 내가 가진 모든 가치 있는 것들을 얻었다.

이 방법이 매력적인 가장 큰 이유는 '그냥'이라는 태

도가 자연스럽게 따라오기 때문이다. 행동을 할 때 너무 큰 결심이나 동기가 필요한 사람은 발이 무거워 쉽게 첫발을 내딛지 못한다. 뭔가를 하고 난 후유증도 크다. 힘들게 움직였으므로 행동의 대가가 바로 나타나야 실망하지 않는다. 하지만 매뉴얼이 있으면 다르다.

궁금한 일을 발견한다.
할까 말까 고민한다.
금전이나 시간 투자가 미미한가.
이제 '그냥' 한다.

매뉴얼대로 하는 행동이기 때문에 움직임이 가볍고, 결과가 어떻더라도 후회가 없다. 가벼운 행동으로 나오는 결과는 무엇이 되었든 언제나 더 나아지는 과정으로 삼을 수 있다.

'결국 착하게 살란 말이네. 그걸 뭘 이렇게 길게 써 놨어'

누군가 만들어 놓은 콘텐츠에 이런 종류의 댓글이 달리는 건 흔한 일이다. 그런 것을 볼 때마다 느껴지는 건 과정에서 아무것도 발견하지 못하는 이들이 가지는 내면 세계의 빈곤함이다. 결론이나 결과만 의미를 가진다 여기며 사는 건 얼마나 불행한 일인가. 우리 모두의 결과는 결국 죽음 아닌가. '그냥' 이루어지는 행동은 과정이 쌓이는 일의 의미를 아는 사람으로 만들어 준다.

명제가 되는 일이 '퇴사를 할까 말까' 정도의 큰 일이라면, 매뉴얼의 3번 항목에서 걸리기 때문에 이런 경우에는 명제 자체를 리스크가 작은 하위 명제로 바꿔야 한다. 이를테면 '이직에 관심 있는 업계 지인 만나보기', '그 직종 파트타임 알바 해보기', '인사팀과 상담하기' 같은 것 말이다. 그렇게 하면 덩치가 큰 명제에 대한 행동의 방향이 명확해진다. 가만히 앉아 고민만 하거나 고만고만한 주변 사람들에게 하소연하는 것은 그 과정의 스트레스에 비해 얻는 게 적다. 그렇게 해서 고민이 해결된 경험을 돌이켜보면 실은 그저 시간이 해결해 줬다는 걸 알게 될 때가 많다.

성공의 추억이 빈약한 사람일수록 아주 작은 행동도 하려 들지 않는다. 자기 인생이 달려 있는 일에 괴로워하면서 검색조차 해 보지 않는 경우도 흔하다. 이런 사람이 질 높은 삶을 살기는 어렵다. 인생에 대한 자기 결정권이 없기 때문이다.

행동을 하는 사람으로 살면 그리 간절히 바라지 않아도 드문드문 성공을 한다. 뜨개질을 배워 멋진 스웨터를 완성하고 싶다든지, 악기를 배워 무대에 한 번쯤 서보고 싶다든지 하는 바람이 현실이 되는 경험을 하게 된다. 성공의 기쁨은 짧고 하찮지만, 그런 사람이 되었다는 자부심은 평생 내 삶에 깔리는 근사한 BGM이 된다.

'할까 말까 할 때는 하기' 매뉴얼에는
예외가 있습니다.
이 일이 다른 사람에게 피해를 주는 일이어서는
안 된다는 것입니다.
이것은 오롯이 자신에 관한 일에만 적용해 보세요.
인간관계나 타인에게 영향을 주는 일에서는
행동보다는 신중함이 우선입니다.

나 자신을
  사랑하고
싶어질 때。

　'세상 그 무엇도 재미가 없는 사람이 재미를 찾는 법'이라는 제목으로 돌아다니는 밈을 본 적이 있다. 글을 쓴 사람이 해답으로 내놓은 방법은 시험을 신청하고 준비해 보라는 것이었다. 자격증 시험이나 외국어 평가 능력시험 같은 것들 말이다. 공부만 하려고 하면 갑자기 공부 이외의 모든 게 재밌어지기 때문이라나.

　이 말에 공감할 수밖에 없는 게, 지금의 나 역시 원고 쓰고 있는 일 이외에는 모든 일이 재미있기 때문이다. 언제나 원고 마감을 앞둔 시기가 되면 평소 재미없던 일들이 흥미진진해지곤 했다. 청소나 설거지가 하고 싶고, 갑자기 고양이와 충분히 놀아주지 못하는 게 아쉬워진다. 평소 볼 게 없다고 여기는 영상 플랫폼에 뜨는 추천 영상도 모두 눌러보고 싶어진다. 마음대로 닿을 수 없어 접촉면이 좁아질 때 모든 것은 더 매력적으로 보인다.

그런데 이게 '나 자신'에 대해서도 해당되는 일이라는 생각을 해 본 적이 있는가?

국어사전에도 없던 '자존감'이라는 말이 심리학에서 일상으로 끌려 나오면서 우리는 자신을 사랑하는 마음에 대해 관심을 갖게 되었다. 그런데 이런 관심은 다시 여러 개의 질문으로 되돌아오곤 한다.

> 자신을 사랑한다는 감정은 어떤 걸까?
> 자신이 자랑스럽고 스스로를 존경하는
> 마음이라면 얼마큼 멋져야 하는 걸까?
> 내로라하는 업적이 없어도
> 이 모든 일들이 가능할까?

<u>남들이 보기에도 아름답고 사랑스러워야
나를 사랑하는 근거도 생기는 거 아닐까?</u>

사실, 우리는 타인을 사랑하는 감정도 잘 알지 못한다. 같이 있고 싶은 욕망이나 상대에게서 보는 내 결핍을 사랑으로 오독하기도 하고, 존재감 없었던 그윽한 관계를 잃고 나서야 그게 사랑이었다는 것을 깨닫게 되기도 한다. 최소한의 거리가 존재하는 타인에 대한 감정도 어려운데, 나 자신을 사랑한다는 감정을 그리 쉽게 감지할 수 있을까?

어떤 사람들은 사랑스럽다고 느낀 대상을 보며 느꼈던 감정을 자기 자신에게 기대하기도 한다. 거울을 보며 아름답다고 감탄하거나 자신을 자랑스러워 하는 감정을 느껴야 한다고 믿는다. 하지만 그런 상태만을 기대한다면 우리는 영영 자신을 사랑하는 마음을 모르고 세상을 떠날 수도 있다.

이런 생각을 생업 삼아 살아온 내가 가장 최근에 업데이트한 답은 이것이다.

더 이상 나 자신이 거슬리지 않을 때-그게 나를 사랑하는 상태였다.

우리는 살면서 만나는 못마땅한 대상에 대해서 더 자주, 깊이 생각하게 되어 있다. 부정적인 대상이 생존을 위협할 가능성이 높으니 경계해 살아남으라고 유전자가 심어 놓은 선물이다. 하지만 '이기적인' 유전자는 숙주의 기분이나 삶의 질 따위는 배려해 주지 않으므로, 우리는 이 거슬리는 존재들 때문에 고통받는다. 이건 반대로도 작용해서 자주, 깊게 생각하는 대상을 점점 혐오하게 되기도 한다. 혐오하니까 더 많이 생각한다. 불행의 공식이다. 더구나 자기 자신을 주제로 두고 이 끝없는 굴레에 빠질 때 우리는 아주 불행해진다.

자존감이 두둑한 사람들은 대개 자신에 대해서 많은 시간 골똘히 생각하지 않는다. 그럴 수 있는 건 항상 단기적인 목표가 있고 그걸 실천하고 있기 때문이다. 그 과정에서 느끼고 반응하는 자신을 관찰하면서 자신이 어떤 사람인지 알아낸다. 그렇게 해서 자신을 알아가며 자아에 대한 모호함을 걷어낸다.

우리 자아는 여러 겹으로 싸여있는 다채로운 존재인 데다가 계속 변하기도 한다. 최종적인 자아를 발견하는 게 불가능한 건 애초 그런 게 존재하지 않기 때문이다. 하지만 자아를 싸고 있는 베일을 한 겹씩 벗겨내고 새로운 면을 발견할 때마다 반짝 자부심을 느끼게 되어 있다. 우리가 자아를 알아가는 과정이라는 건 그런 것이다. 세계와의 크고 작은 충돌로 자신의 한 부분을 알아내고 그 인식의 조각으로 견고한 성을 쌓는 것.

거리가 가까운 어떤 대상이 부피를 갖게 되면 오히려 존재를 덜 인식하게 된다.

어느 순간부터 나는 더 이상 나 자신이 거슬리지 않는다고 느끼게 되었고, 그게 다름 아닌 사랑이라는 걸 알게 되었다.

좁은 자아 안에서 좁은 식견으로 로직을 작동시켜 보았자 생각은 언제나 제자리에서 맴돌 뿐이다. 자아에 대한 해답은 내 안에 있지만 그걸 제대로 들여다볼 수 있게 문을 여는 열쇠는 언제나 밖에 있다. 그래서 자신에 대해 정확히 알고 또 자존감을 되찾으려면 자신에 대해 생각하지 말고 바깥 세상으로 나가, 나 자신에 대해 생각하지 않게 해 줄 목표를 찾아야 한다.

이를테면, 몇 년 전부터 나는 일주일에 한 번씩 영상 콘텐츠를 만드는 동안 이 일 말고는 세상 일이 다 재미있어지는 경험을 하고 있다. 세상이 재미 없어지면 시험을 준비하라는 조언처럼 말이다.

업로드 시간이 다가올 때마다 정립되는 내 목표는 영상이 어마어마한 조회수를 기록하는 것이 아니라 그저 무사히 만들어져 제 시간에 올라가는 것뿐이다. 이 과업에 골몰하다 보면 나 자신에 대해서 생각하고 나를 싫어할 여유가 없다.

자신을 사랑하는 마음에 신경 쓰지 않는 것이, 자신을 사랑하는 마음의 방증이라는 건 받아들일 수밖에 없는 모순이다.

스스로에게
'나는 자신을 사랑하고 있을까?'라는
질문을 해 보세요.
이만하면 괜찮다,
거슬리지 않는다는 답이
어렵지 않게 나온다면
충분히 건강한 자기애를 갖고 있는 것입니다.
답을 하기 어렵다면
자신에 대해 생각할 겨를이 없게 해 줄
목표를 찾아보세요.
사소한 것이라도 좋습니다.

도대체
'나를 안 다 는 것'이
뭔데?

오래전, 사례가 여럿 등장하는 책을 낼 때였다. 일상의 에피소드에서 힌트를 얻어 주제를 전달하는 형식인 원고여서 친구들에게 미리 양해를 구했다.

"이번 책에 네 이야기가 나올 거야. 주변 사람들이 읽어도 네 이야기인 줄 모르게 직업이나 여건 등만 바꿨거든. 혹시 읽다가 네 이야기인 것 같아도 그러려니 해."

모두 긍정적인 사례여서 그런 말도 해줄 수 있었다.

책이 출판되자 평소 책을 잘 읽지 않는 친구들도 자기 이야기가 나온다는 말에 완독을 한 모양이었다. 하나둘 연락을 해 책에 대한 이야기를 했다. 그때 나는 그전까지 한 번도 겪어본 적 없는 경험을 했다.

대여섯 명의 친구 중 단 한 명도 자기 이야기를 찾지 못한 것이었다. 자신이 한 말과 평소 태도 등이 보란 듯이 등장하는데도 알아보지 못했다. 모두가 자신과 아무 상관이 없는 부분을 자기 이야기라고 단정했고 일단 그렇게 결론을 내리자 진짜 자기 이야기는 눈에 들어오지 않는 듯했다. 그중 한 친구는 상담 사례를 가공해 만들어 낸 부정적인 인물을 가리키며 불쾌감을 표현하기도 했다. 아니라는 걸 납득시키기 위해 꽤 애를 먹었던 기억이 난다.

그것이 사람들이 자신에 대해 정말 모른다는 걸 절실히 깨달은 첫 번째 경험이었을 것이다. 거기엔 당연히 나 자신도 예외가 아닐 거라는 전제도 딸려 왔다. 그건 일종의 공포심이기도 했다.

내가 아는 나와 딴판인 내가
타인에게 폐를 끼친 적은 없을까?
그러면서 나를 피해자라고 여긴 적은 없을까?
지금 내가 가진 신념이 잘못된 것은 아닐까?
편향된 관점으로 타인을 재단하고 있지는
않은 걸까?

    세상이 내게 부정적인 신호를 보내올 때면 늘 자신을 먼저 의심하곤 했다. 스스로를 지키며 더 단단해지자고 결심해야 할지 내 자기인식에 오류가 있을지도 모른다는 걸 의심해야 할지 혼란스러웠다.
    아마 이런 혼란을 정리하려고 문학 속에 등장하는 수많은 주인공들이 그토록 자신을 찾아 떠나는 여행을 했나 싶었다. 마르셀 프루스트의 그 유명한 〈잃어버린 시간을 찾아서〉 속 마들렌을 나도 발견해야 할 것 같고, 한편으로는 파랑새를 찾겠다고 세상을 헤매다가 집에서 발견하는 것 같은 헛짓도 해야 할 것 같았다.

    불안에서 차차 벗어나며 내가 발견한 단어는 '새로

움'이었다.

자신을 아는 능력, 곧 자기이해지능을 높인다는 것은 자주 새로움에 직면하고 그에 대한 자기 반응을 알아차리는 것이다. 우리 안에는 셀 수 없이 많은 모습들이 있지만 그건 명상하듯 앉아 마음을 들여다본다고 해서 모습을 드러내는 게 아니다. 내 얼굴을 내가 직접 보는 건 불가능하듯, 자아는 세상이라는 거울에 비추어야만 볼 수 있다.

기회가 닿는 대로 새로운 상황이나 대상, 사람을 접해 보고 그에 반응하는 나를 들여다볼 때 조금씩 나를 알아갈 수 있는 것이다. 그리고 이건 아무리 나이를 먹어도 끝나지 않는 일이다.

끊임없이 새로운 거울에 자아를 비추어 보는 건 '나에게 딱 맞는 바로 그것'을 찾는 게 목적이 아니다. 내가 비교적 좋아하는 대상을 만나는 경험은 인생에서 선택을 할 때 중요한 근거가 되어 주며, 아닌 것을 마주하고 지워 나가는 일과 그럴 때 느낀 내 감정도 소중한 데이터가 된다. 모든 것을 경험할 수는 없지만 새로운 것을 접해 본 경험만큼 대처할 수 있는 일의 범위가 넓어지고 모르는 것을 유추해내는 능력도 생긴다.

자신을 다 아는 일에는 영원이라는 시간도 부족하겠지만 어제보다 조금 더 많이 알게 되었다는 기분은 안도감을 준다.

새롭다는 것은 터무니없이 낯선 것만을 의미하는 게 아니다. 어쩌면 대상의 새로움보다는 그것을 대하는 시각의 갱신이 더 중요할지도 모르겠다.

누군가와 여행에 대한 대화를 하다가 상대방에게서 유럽 도시들은 다 거기서 거기고 똑같다는 말을 들었다. 정확히 같은 타이밍에 나는 모든 도시가 다 다르더라는 말을 하려던 참이었다. 사진으로만 보면 '유럽풍'이라고 할 만한 광경이 관념적으로 통합되지만 오감으로 경험하는 도시들은 뚜렷하게 특징을 드러낸다. 조금만 시야를 열고 보면 도저히 '거기서 거기'라는 어구가 나올 수 없다. 그는 대체 열두 시간이나 비행기를 타고 가서 무엇을 보고 온 것일까. 대화를 좀 더 해 보니 역시 그는 어떤 대상을 향해서도 경이를 느끼지 못하는 종류의 사람이었다.

　같은 경험을 하고도 새로움을 발견하고 짜릿함을 느끼는 사람이 있는가 하면 새로움 속에서도 굳이 보편성을 찾아내 지루해 하는 사람들이 있다. 새로움을 보려고 하지 않는 사람의 굳어가는 전두엽은 새로운 경험을 자신을 알아가는 데이터로 인식하지 못한다.

　나는 새로움을 바라보는 시선이 용기에서 나온다고 생각한다. 모든 낯선 것의 특성을 납작하게 눌러 자신이 이미 알고 있는 영역 안으로 통합시키면 세상의 모든 요소가 자신의 통제 안에 있다고 우길 수 있게 된다. 그런 태도는 새로운 영역의 모든 것은 별거 아니라고 치부하게 만들고 회피할 이유가 되어 준다. 이렇게 낡은 자아에 오래 자신을 가둘수록 자신을 모르는 사람이 되어 간다.

　어른이 되고 한참이 지났는데도 여전히 나를 잘 모르겠다. 하지만 새로운 경험 앞에서 서툰 자신을 태연히 바라볼 수 있게 된 것만으로도 괜찮다고 느낀다.

일상에서
작지만 새로운 시도를 해 보세요。
익숙한 길이 아닌 곳으로 돌아서 가 본다든지,
평소 접하지 않았던 장르의 책을 본다든지
무엇이든 좋습니다.
그리고 새로운 경험 안에서
내가 어떤 것을 느끼는지 관찰해
말이나 글로 표현해 보세요.
이런 경험에 익숙해지면
점차 투자가 필요한 경험을
시도해 보는 것도 좋습니다.

나를 이해하는 기술

내가 바라는 것을 명확하게 아는 법.

　나는 이 글을 태국 치앙마이의 한 카페에서 쓰고 있다. 겨울 추위와 일상의 번잡함에 도무지 원고를 잡을 수 없어 나 같은 사람들이 전 세계에서 모여든다는 도시로 날아왔다. 아침부터 이른 저녁까지 값싸고 맛있는 밥을 사 먹으며 글을 쓰고는 저녁에 쉬며 SNS에 그날의 일과를 공유한다. 그걸 보고 지인들이 여러 경로로 부럽다는 말을 전해 온다. 대체로 인사말 정도로 여겨지지만 개중에는 진심인 이들이 있다. 재밌는 건 그

들 대부분이 나보다 형편이 나은 사람들이라는 점이다. 마음만 먹으면 훌쩍 떠나와 이 느릿한 도시의 표류자가 될 수 있지만 굳이 그러지 않는다.

어떤 바람과 그걸 실제로 하는 것 사이에는 투명한 장벽이 있다. 그런 장벽은 대체로 허리나 가슴 정도의 높이다. 무릎 아래라면 그게 바람이라고 의식하기도 전에 넘어가고, 키를 훌쩍 넘기는 높이면 욕망조차 사라진다. 가슴 높이의 장벽 앞에서 어떤 사람은 디딜 것을 찾아와 옷이 상하는 걸 감수하며 담을 타 넘고, 어떤 사람은 저건 못 넘는 담이라고 말하며 담 너머를 흘끔거린다.

우리가 이루지 못한 수많은 바람은 '그렇게까지 하고 싶지 않은 것'일 때가 많다.

평범한 사람들에게 가슴 높이의 담을 넘는 것은 그리 우아한 일이 아니다. 디딜 것을 낑낑대며 구해 와 받치고 올라가서는 착지할 때 다칠까봐 담장턱에 매달려 버둥거린다. 사람들은 담장 너머의 좋은 것을 얻은 모습만 보기 때문에 무림고수나 액션배우처럼 단번에 몸을 날려 담을 넘은 줄로 착각한다. 세상 구질구질한 모습으로 생업을 갈무리하고 간신히 이곳에 온 내가 모든 것으로부터 너무나 자유로워 가뿐하게 날아온 걸로 보이는 것처럼 말이다.

이런 진실을 알면서도 자신이 원하는 일을 만날 때 지체없이 담을 넘는 사람들은 한 번도 그렇게 해 보지 않은 사람들과는 다른 삶을 산다. 그들은 자신이 원하기만 하면 무엇이든 할 수 있다는 걸 안다. 저 너머의 것이 끙끙대며 담을 타 넘고 얻을 만한 가치가 있는 것인지 아닌지가 문제일 뿐이다.

진심으로 원하는 것이 있다면 내가 부족한 인간이라서 그걸 못하고 있다고 생각해 버리기보다 가슴 높이의 투명한 담을 상상해 보자. 내가 입은 옷을 더럽혀 가며 힘들여 넘을 만큼 그것을 원하는 것인지, 그만큼은 아니어서 멀찍이 넘겨다보는 걸로만 만족하는 것인지 알고 나면 욕망도 신발장의 신발처럼 정리가 된다.

정리된 욕망은 자아에 해를 끼치지 않는다.

지금 마음속으로 원하는 일을 생각해 보세요.
생각나는 대로 모두 메모를 해 보면 더 좋습니다.
그걸 얻는 일이 허리에서 가슴쯤 오는 높이의 담을 넘는
것이라고 상상해 보세요.
손바닥의 피부가 헐 수도,
쓰지 않던 근육을 써 몸살이 올 수도 있어요.
입고 있는 옷이 찢어지고 먼지 투성이가 될 거예요.
분명한 건 어렵더라도 담을 넘을 수 있다는 것입니다.
그래도 그 담을 넘고 싶은지,
그럴 만한 가치가 있는 일인지
한 번쯤 생각해 보세요.

혹시 달리기를 해볼까
[생][각][만]
하고 있다면。

나는 아주 어설픈 초보 러너다.

이건 일 년 전만 해도 상상조차 할 수 없는 일이었다. 몇 년간 주변에 달리기를 시작하고 내게도 권하는 사람이 많았지만 한동안 꿈쩍도 하지 않았다. 세상에서 가장 무해한 운동인 '걷기'만으로도 삐걱대는 몸이니 달리는 건 어림도 없다고 생각했다. 그러다 요통으로 고생하던 지인이 달리기를 시작하면서 증상이 호전된 걸 보고 생각이 바뀌었다. 생업과 맞바꾼 내 4번, 5번 척추의 안녕을 기대할 수만 있다면 달리기 같은 건 내 생애에 없을 거라던 과거의 선언 따위는 호떡보다 쉽게 뒤집을 수 있었다.

러닝화를 신고 집 앞 공원길에 우뚝 섰을 때 낯선 두려움이 일었다. 매일 걷는 이 길을 달려보겠다고 생각하니 어색하기 짝이 없었다. 달린다는 행위를 수행해 본 경험은 아득하지만 필요하면 뛰게 되지 않을까 했던 막연한 생각이 틀렸던 거다.

전에 이 길에서 개를 산책시키는 내 또래의 주인이 목줄을 놓친 것을 본 적이 있었다. 흥분한 녀석은 차도 쪽으로 달려가는 중이었다. 그 긴박한 상황에 주인은 느적느적 팔만 뻗으며 따라 걷고 있었다. 멀찍이서 그 광경을 보며 왜 뛰지 않는 건지 갑갑해했지만, 그 상황 뒤에 이런 사정이 있었을지도 모르겠다는 생각이 들었다. 이처럼 애초에 달린다는 행위를 해 본 적이 없었던 것 같은 기분으로 살아왔다면, 정말 달려야 하는 순간에 몸이 움직여 주지 않을지도 모른다. 그건 생각만 해도 끔찍한 일이었다.

그날 오디오 가이드에 맞추어 몸을 풀고 처음으로 달리기 시작한 순간은 잊지 못할 것 같다.

잘하고 못하고를 떠나 그저 달려진다는 게 신기했다. 그 이후로 나는 '주기적으로 달리는 인간'으로 살고 있다.

달리는 것은 걷는 것의 연장선상에 있는 활동이 아니다. 다른 근육을 다른 강도로 쓰고, 심장과 폐의 강렬한 존재감을 느낄 수 있다. 아침에 달리기를 한 날은 종일 온몸이 깨어 있다는 게 실감된다.

오늘 아침에는 치앙마이의 쾌청한 아침 공기를 즐기며 달리기를 했다. 그때 문득 내가 성큼성큼 앞서 걷는 유럽인들을 추월하는 상황이 새삼스럽게 느껴졌다.

나는 기록에 신경 쓰지 않고 오로지 달리는 행위에만 목적을 두는 느리디느린 러너다. 내 목표는 빨리, 혹은 멀리 뛰는 것이 아니라 다치지 않고 무사히 그날의 달리기를 마치는 것이다. 다른 사람이 나를 본다면 저것도 달리는 거라고 할 수 있는 건가 의문을 품을지도 모른다. 그런데 그런 나조차 목적지를 향해 속보로 걷는 건장한 사람들보다 빠르더라는 것이다. 어쩌면 당연할 수도 있는 이런 일은 이전까지 경험했던 것과 다른 차원의 세상을 살고 있다는 기분을 느끼게 해 준다.

걷는 것이 정신건강에 좋다는 것은 정설에 가깝지만 생각이 너무 많은 나는 혼자 걸을 때 도리어 우울감에 빠지곤 한다. 걷는다는 단순한 행위가 통제할 수 없는 잡생각을 부추기기 때문이다. 하지만 내면에서 뭔가가 타서 날아가는 것만 같은 달리기는 생각도 그렇게 하얗게 태워 없애준다. 번아웃으로 힘들어하던 지인들이 너나할 것 없이 길 위를 달리며 자신을 치유할 수 있었던 이유를 뒤늦게 나도 알게 되었다.

나아진 건 마음만이 아니다. 이제 달리기의 동기가 되었던 허리 통증도, 못 달릴 핑계가 되었던 고관절 통증도 사라졌다.

살면서 많은 유행을 지켜보았지만 달리기만큼 이로운 것은 본 적이 없다. 어느 시간대건 산책하는 사람들 사이에서 모자를 눌러 쓰고 혼자 달려도 유난스러워 보이지 않는 건 '대★달리기의 시대'가 온 덕분이다. 이 유행에 편승해 볼까 싶으면서도 '내가 할 수 있을까'를 고민하는 이들에게 나라는 샘플은 꽤 도움이 될 것이다. 태아 때부터 위기를 넘기고 태어나 영아기 결핵을 앓고 소아 빈혈을 거쳐 간신히 일상생활이 가능한 어른이 되었다. 그러나 사람들이 '뽑기를 잘못했다'고 표현하는 전자제품처럼 아무리 A/S를 받아도 갖가지 고장이 이어졌다. 이런 내가 할 수 있다면 당신도 할 수 있지 않겠냐고 당당히 말할 수 있을 만큼 부실한 몸으로 살아왔다 자부한다.

이 유행에 편승해 볼까 고민해 본 적이 있다면
바로 신발장 속 운동화 한 켤레로
시작해 보는 것은 어떨까?

달리기는 누구나 할 수 있지만
준비와 지식이 필요한 운동입니다.
건강 문제가 있다면
반드시 담당 의사와 의논을 하세요.
저는 평소 다니던 정형외과에서 허락을 받고
달리기를 시작했습니다.
무작정 달리지 마시고
"런데이", "나이키 런 클럽(Nike Run Club)" 등의
오디오 코칭 앱의 도움을 꼭 받으세요.

part. 2
일상에서 의미 찾기

이 시대, 모든 사람이 작가가 되어야 하는 이유。

이십 년 전 출판사 사장님들과 식사를 할 때 늘 비슷한 말을 들었다.

출판계가 불황이라고. 지금만큼 책이 안 팔린 적이 없었다고.

지금 한국의 독서 인구는 그때의 절반 정도다. 앞으로도 책 읽는 사람은 줄어들 예정이고 이 오래된 사양산업은 여전히 쭉 사양산업일 것이다.

사람들이 더 이상 책을 읽지 않는 시대지만 이 속에는 한 가지 아이러니가 있다. 인류 역사상 지금처럼 사람들이 텍스트를 많이 소비하는 시대가 없었다는 것이다. 예전이라면 직접 만나거나 전화를 해서 말로 했을 이야기가 이제는 글로 전달된다. 이메일, 메신저, SNS, 제품 상세페이지 등의 형태로 된 글이 내 인격과 의사를 표현한다. 말주변이 없어도 비언어적인 태도나 행동으로 보여줄 수 있었던 다른 면들을 드러낼 기회가 줄어들었다. 바야흐로 글 잘 쓰는 사람이 매력적인 사람인 시대가 되었다. 우리 모두는 원하든 원하지 않든 잠재적인 작가로 사는 셈이다.

이왕 이런 시대를 살게 된 것, 글을 쓰며 장점을 제대로 누려보는 것은 어떨까?

내 무의식은 워드프로세서로 쓰는 글과 손으로 쓰는 글을 확연히 다르게 인식한다. 키보드를 두드려 써내는 글은 타인의 필요와 합의를 보아 만들어 내는 직업 의식의 산물이다. 고도로 집중해 흐름을 조절하고 주제 아래 일관된 문장을 만들어 낸다. 긴 시간 이런 긴장감을 유지하는 건 엄연한 스트레스다. 이렇게 쌓인 스트레스를 풀고 싶을 때조차 나는 노트와 펜을 꺼내 누구에게도 보여 주지 않을 글을 쓴다.

글을 쓰는 순간의 상황, 감정 등을 두서없이 적어대면 잔뜩 격앙된 내면이 안정을 찾는다. 내 안에 질문이 있는지조차 몰랐는데 답이 떠오른다.

생각은 팔다리에 붙어 있는 수의근과 같아서 대체로 의지에 따라 움직일 수 있다. 반면 마음은 심장이나 위장의 근육처럼 내 뜻대로 움직일 수 없는 불수의근에 가깝다. 기쁨, 사랑, 슬픔, 미움 같은 것을 의지대로 다룰 수 있다면 우리 삶이 이렇게 힘들 리 없다.

그러나 자신을 위한 글쓰기를 할 때면 마음이 불수의 영역이라는 게 믿기지 않을 때가 많다. 한 페이지를 써내려가다 보면 원하던 대로 마음이 움직여 기분이 나아지곤 하기 때문이다.

삶에서 느낀 여러 감정과 생각이 커다란 덩어리로 뒤엉겨 있고 거기에 약간의 불쾌한 요소가 섞여 들어가면 인식은 쉽게 오염된다. 종일 잘 살아내고도 퇴근길 빵집에서 만난 알바생의 작은 불친절에 기분이 상하면 그 일을 잊더라도 불쾌감은 남는 식이다.

글을 쓰다 보면 자연스럽게 내가 느끼는 막연한 불쾌감의 씨앗을 추출해낼 수 있게 된다. 그것을 분리수거하고 일상의 나머지 부분에서 좋았던 요소에 확대경을 들이대면 기분은 언제나 기대보다 쉽게 나아진다.

삶에서 좋은 기분을 느끼는 구간을 늘린다는 것은 굉장한 일이다.

전에 어느 공중파 인터뷰 방송에서 임상에 50년이나 있었던 암 전문의가 좋은 기분으로 음식을 먹으면 장이 좋은 성분을 골라 흡수한다고 말하는 장면을 본 적이 있다. 그걸 두고 말도 안 된다는 반응도 많았지만 나는 그것을 과학적 은유라고 해석했다. 좋은 기분은 복잡한 기전을 거쳐 몸에 갖가지 영향을 미친다. 더구나 뇌에 연결된 신경 네트워크가 있고 대부분의 세로토닌이 만들어지는 장에서 그런 일이 일어난다는 게 뭐가 그리 이상하겠는가.

자극적인 활동으로 일상을 잊는 게 아닌, 정말로 기분을 나아지게 만드는 자신만의 도구가 있다는 건 엄청난 일이다.

대부분의 사람들은 스트레스를 받은 상태에서 일기를 쓸 때 마치 속을 게워내듯 저주나 욕설을 나열한다. 그렇게 하는 게 시원할 것 같지만 그렇지 않다. 그런 글쓰기는 언어가 생각으로만 머물러 있을 때와 별로 다를 게 없기 때문이다.

자신의 상황이나 감정을 정리해서 받아 적는다는 인식만으로도 내면이 정리되고 감정의 정체를 스스로 정의할 수 있게 된다. 그렇게 글을 쓰다가 아주 가끔 내 상황과 감정을 정확히 표현한 문장을 만날 때가 있다. 그럴 때의 해소감은 이루 말할 수 없는 것이다.

전에 일방적인 '인간 재해'를 입었을 때였다. 아무 잘못 없이 상대의 사정거리 안에 존재했다는 이유로 곤혹을 치른 일이었는데 사건이 정리되고 나서도 심리적 후유증이 컸다. 상대의 정체를 더 빨리 눈치채고 자신을 보호했어야 했다는 자괴감에 시달렸다. 그리고 상황이 정리된 후에도 마음 부대껴하는 나 자신이 못마땅했다. 그런 마음과 상황을 글로 써 내려가다가 내가 쓴 문장 하나에 문득 펜이 멈추었다.

나는 길을 가다가 행려병자에게 느닷없이
뺨을 맞은 것과 같은 일을 당한 것이다.

'행려병자'는 요즘은 잘 안 쓰는 표현이지만 관용적으로 정신이 온전치 않은 부랑자를 가리키던 말이다. 예측할 수 없는 광인에게 뺨을 맞는다면 내 잘못이 없어도 수치스럽고 맞은 자리가 아플 것이다. 그리고 그걸 무슨 수로 피하겠는가.

명문은 아니지만 그때의 나를 꼭 맞게 설명한 문장이었다. 이 문장을 쓰고 나자 직전까지 며칠을 앓던 마음이 개운해졌다. 이런 경험은 다른 사람이 쓴 책을 읽으면서 발견할 때에도 하게 되지만 자신이 쓴 문장으로 만날 때는, 그 수백 배의 쾌감을 느끼게 된다. 그 쾌감은 심리적 고통을 감쪽같이 밀어내고 족쇄를 푼 것 같은 해방감을 선사한다. 놀랍게도 이 상태는 계속 유지된다.

이 비슷한 감정을 느끼고 싶은 본능이 감정을 공유할 친밀한 타인을 찾다가 상처를 더하거나 점술가를 전전하며 돈을 쓰게 만드는 것이다. 사람은 자신이 정말 듣고 싶은 말을 들으면 마음의 체증이 금세 해소되는데, 그걸 가장 잘 아는 사람은 바로 자기 자신이다. 자신의 마음을 족집게처럼 설명하는 글을 쓰는 경험은 나와 같은 직업 작가의 전유물이 아니다. 그런 글은 자기 자신만 이해할 수 있으면 되기에 투박해도 괜찮다.

납득이 어렵겠지만 책을 읽는 것보다 글을 쓰는 게 더 쉽다. 편한 자리에서 남의 말을 들어주는 것보다 내가 하고 싶은 말을 하는 게 쉬운 것과 비슷하다.

자신의 생각과 마음을 받아 적는 글을 쓰다 보면 어느덧 남들에게 보여주는 글도 잘 써 내는 사람이 된다. 거대한 텍스트의 시대에 쓸 만한 다용도 연장을 하나 갖게 되는 것이다. 인공지능이 몇 초 만에 수십 장씩 글을 써 주는 국면에 어떻게 글이 연장이 되겠냐는 의문이 떠오르겠지만 그 일을 시키는 게 결국 사람의 언어라는 걸 생각해 보면 의문은 금방 풀린다.

그러나 당신이 이 모든 쓸모를 치워놓고 우선 쓴다는 행위가 주는 내밀한 행복감을 알아가게 되면 좋겠다.

노트와 펜만 있으면 되는 일입니다.
마음에 드는 필기구를 골라, 쓰는 질감을 느껴 가며
떠오르는 것들을 써 보세요.
자신의 이야기를 대신 써주는
전기 작가가 되었다는 기분으로 담담하게 써 보세요.
감정도 되도록 건조하게 설명하듯 적는 것이 좋습니다.
자신의 감정에 도취되면
내면이 정리되는 쾌감에 다가가기 어렵습니다.
어색하고 어렵더라도
긍정적인 방향으로 글을 써야 합니다.
이건 우리 자신이 행복해지기 위해
쓰려는 글이니까요.
비극을 쓸 때면 훈련된 전문 작가들조차
부정에 잡아먹히지 않기 위해
강도 높은 운동을 하고
해가 있을 때 글을 쓰는 등의 노력을 합니다.

책을 읽는 일에
 $\boxed{망}\boxed{설}\boxed{임}\boxed{을}$
느끼게 된다면。

    요즘 세상에 책을 읽는 건 너무 가성비가 떨어지는 일 아니냐는 말을 현실에서 들었다. 귀를 의심했다. 그의 주장에 따르면 과거 정보 창구가 없던 시절 책이 지식을 얻을 수 있는 유일한 수단이었지만 미디어가 다양하게 발달한 요즘 세상은 다르다는 것이다.

    그간 책을 읽지 않는다는 사람들에게서 듣는 이유는 대개 여유가 없다는 말의 변형이었다. 피곤해서 책만 펴 들면 잠든다든지, 책값이 너무 비싸졌다든지, 마음의 여유가 없어 짧은 영상이나 보며 시간을 보내게 된다든지 하는 것 말이다. 좋은 걸 알면서도 못한다는 전제가 깔려 있었다. 그러나 그날 만난 사람의 강변에는 부끄러움이 없었다. 도대체 어디서부터 말해야 할지 몰라 입을 다물고 말았다.

나는 조엔 K 롤링이 쓴 해리포터 시리즈의 첫 책, '마법사의 돌' 한국어 초판을 처음 읽었던 순간을 아직도 잊지 못한다. 그 무렵 나는 이미 어른이었고, 내 이름으로 책까지 몇 권 낸 작가였다. 서점가에서는 웬 동화책이 어른들한테까지 읽히고 있다는 소문이 돌고 있었다.

도서관에 원고 작업하러 갔다가 열람실에서 그 책을 발견한 나는 어떤 책인지 구경이나 해 보자며 무심히 책장을 뒤적거렸다. 두어 시간 지났을까. 나는 그 자리에서 절반쯤 읽던 책을 반납대에 던지다시피 하고 서점으로 달려갔다. 그리고는 당시 동시 출간된 2권, '비밀의 방'까지 사서 집으로 들어갔다.

해리포터 시리즈는 이후 모두 영화로 제작되어 전지구적인 전설이 되었지만 관람 경험은 독서 경험에 미치지 못했다. 결과물의 완성도와는 별개로 한 사람의 거대한 상상력이 만든 세계를 문장으로 만났을 때의 경험이 개인에게 미치는 영향력만큼은 독서의 완승이다.

사람의 뇌는 실제 경험과 독서를 통한 간접 경험을 구분하지 못한다고 한다. 외부 세계와 조응하는 경험은 자신이 의식하지도 못할 만큼의 엄청난 정보를 쏟아붓고 자아 깊숙이까지 영향을 끼친다. 그런 경험을 큰 위험부담 없이 할 수 있게 해 주는 게 문학이다.

그 시기의 나는 생에 첫 에세이를 쓰느라 도서관에 있었던 것인데, 이 터무니없이 다른 장르의 책을 읽은 경험이 자극이 되어 교착 상태에 있던 원고 작업을 잘 해낼 수 있었다. 그리고 그때 탈고한 원고는 몇 년 뒤 국내외에서 수백만 권이 팔려 나가며 여러 가지의 '최초'라는 수식어를 주렁주렁 단 책이 되었다. 그때 중국에서 역대 종합 순위 20위권 안에 든 외국인 작가의 작품이 단 두 타이틀이고 그게 내 책과 해리포터 시리즈라는 기사를 본 건 기묘한 경험이었다.

당사자가 들으면 어리둥절할 일이지만 지금의 나는 어느 만큼 롤링에게 빚을 진 셈이다.

벌써 십 년 넘게 매주 만나는 가사 매니저 여사님에게 얼마 전 이런 고백을 들었다. 우리 집 서재를 채우고 있는 수많은 책의 먼지를 떨고 책장을 닦으며 어느덧 책이라는 것에 익숙해졌다고. 그렇게 조금씩 가까워져 '책을 읽는 사람'이 되었다고.

이제 책을 읽는 사람으로 살면서 '그렇지 않은 사람들과 다른 삶을 산다는 것을 느낀다' 표현한 그의 언어는 내게 깊은 인상을 남겼다. 그저 책을 쌓아두고 살았을 뿐인데 그 일이 누군가의 삶을 달라지게 했다니.

책을 읽으며 사는 사람에게는 '일관된 주제로 관통된 세계를 차례로 엿본 사람'이라는 자부심이 있다. 그건 선민의식과 같아서 거칠고 혼란스러운 세상에서 온전히 버틸 힘을 준다.

책은 물성만으로도 사람을 어루만지고 다른 길로 이끌곤 한다. 가끔 삶의 패잔병이 되어 만신창이로 내가 피신한 곳은 언제나 도서관이었다. 책의 맥락을 흡수할 만큼의 기운조차 없을 때는 우두커니 서가에 서 있곤 했다. 세상의 소음이 사라진 공간에서 도열해 있는 책을 구경하는 것만으로도 한결 나아졌다.

생각해 보면 이렇게 많은 것들이 변하는 시대에 책이라는 매체만큼은 로마 시대 이후 거의 같은 형태를 유지하고 있다는 게 신기하다. 전자책이 등장했을 때 이 오랜 독점이 끝나나 싶었지만 사람들은 전통적인 책의 물성을 놓지 않았다. 매해 판매 데이터를 받아보는 나는 전자책이 종이책의 아주 부분적인 대안일 뿐이라는 걸 확인하게 된다.

나는 책을 대출했다가 읽지 못하고 반납한다 해도 그게 이득이 되는 일이라고 믿는다. "만지기만 해도 힘을 얻는 걸로 게르마늄이나 토르말린보다 한 수 위인 게 책이다"라고 우겨본다.

내 엄마는 다섯 살에 혼자 글을 깨우친 나를 신기해 하며 장기할부로 명작동화 전집을 들여놓아 줄 만큼 다정했지만, 직접 책을 읽는 사람은 아니었다. 평생 엄마가 책을 읽는 모습을 한 번도 본 적이 없었다. 집안일과 돈벌이에 매달리며 잠시도 쉬지 못했던 엄마에게 독서는 사치였다. 그런 엄마가 책에 몰입하는 것을 딱 한 번 본 적이 있다. 사고로 장애와 병을 얻은 아빠를 직접 간병하려 요양보호사 자격증을 따기로 결심한 것이다. 평생 몸 쓰는 일만 한 칠순 노인이 칠백 쪽 넘는 책을 종일 공부하며 어려운 의학 용어를 달달 외웠다. 자식들이 '셀프 노인학대'라며 말려도 소용 없었다.

그렇게 텍스트에 푹 절여져 지낸 그 몇 달간 엄마에게 이상한 일이 일어났다. 해야 할 일을 깜박하거나 고유명사를 기억해 내지 못해 띄엄띄엄 이어지던 말습관이 사라졌다. 말의 속도가 빨라지고 그 말 안에 전에 없이 논리가 바싹 섰다. 엄마가 갑자기 총명해진 것이었다. 엄마는 자식들의 걱정과 달리 좋은 점수로 한 번에 합격했다.

얼마 전 아빠의 소천 전까지 간병을 하는 동안 엄마의 총기는 서서히 흐려져 예전으로 돌아왔지만 우리는 아직도 그때 엄마의 반짝이던 모습에 대해 이야기하곤 한다. 책의 내용을 온전히 흡수한다는 것, 공부를 한다는 것이 우리가 어떤 사람으로 사는가에 얼마나 직접적으로 작용하는지 매번 새롭게 놀라며 상기한다.

이 글을 읽고 있는 독자라면 이미 책과 어느 정도 연결된 삶을 살고 있을 것이다. 하지만 살면서 해답이 필요할 때 책은 언제나 기대 이상으로 도움이 된다는 걸 당신이 좀 더 구체적으로 기억하게 되면 좋겠다.

책을 일단 잡았다면
끝까지 읽어야 한다는 생각을 버리세요.
그런 무거운 마음이 오히려 책에서 멀어지게 만듭니다.
모든 책이 유익한 건 아니고,
모두가 좋다고 하는 책이 나한테도 좋은 것은 아닙니다.
여러 장르의 책을 고루, 많이 접해 보세요.
그러다 보면 좋은 책을 바로 알아보는 눈도 생깁니다.
저는 누구에게나
인생을 바꿀 책 한 권씩은
있다는 말을 믿습니다.

선하게 살 필요가 있을까
　　　　　　　마 음 이
　흔들릴 때。

　가끔 어떤 이들이 몰염치한 행동으로 이득을 얻는 상황을 보면 사람들은 허탈함을 느낀다. 타인들 속에서 좀 더 나은 사람으로 어울려 살고 싶었던 자신의 노력을 되짚어 보기도 한다.

　혹시 선하다는 것은 어리석다는 것의 다른 정의가 아닐까?
　풍족하게 잘 사는 사람들이 다 선하지는 않던데, 내

가 선하게 살 필요가 있을까?

나쁜 사람들에게 대가가 돌아간다는 말은 공허한 자기위안이지 않을까?

이런 혼란은 괴롭고 유해한 것이라 하루 빨리 스스로를 안정시키면서 자기 안의 선을 추구하면서 사는 게 좋다. 모순적이지만 선하게 살아도 좋다는 명제는 오히려 인간의 이기성을 전제할 때 더 설득력이 있다.

살면서 목격한 누군가의 비행은 쉽게 각인된다. 그럴 때마다 인간 존재에 대한 혐오감이 올라오기도 한다. 그러나 가만히 생각해 보면 우리는 훨씬 많은 순간에 별 탈 없이 사람들과 어울리며 살아간다. 그건 대부분의 사람들이 대부분의 상황에서 나름의 선의에 맞는 행동을 하며 살고 있기 때문이다. 악하게 구는 게 이득이라면 인간은 틈만 나면 서로를 해롭게 하는 존재로 진화했을 것이다. 하지만 인간은 일찌감치 힘을 합쳐서 생존하는 방식을 선택했기 때문에 자신을 위해서라도 어느 정도는 이타적인 마음을 품는 종이 되었다. 캐나다의 한 심리학 연구에서는 사람들이 자신보다 주변 사람을 위해 돈을 쓸 때 더 만족감을 느낀다는 결과를 내놓기도 했다. 타인을 돕거나 기쁘게 해주면 우리 몸의 보상 시스템이 작동해, 쾌락 호르몬 칵테일 세례를 받게 된다. 사람들은 이기적이어서 이타적이다.

　동료 때문에 고통받는 공무원의 고민을 들은 적이 있다. 공무원은 특별한 사유가 없는 한 정년이 보장되기 때문에, 간혹 어처구니 없을 정도로 태업을 하는 동료를 만나는 일도 있다고 한다. 그런 이들은 일을 거의 하지 않고 동료들에게 떠넘긴다. 처음에 나는 이런 가해-피해 관계가 어떻게 성립되고 유지되는지 이해하지 못했다. 그렇게 해도 탈이 나지 않는 조직이라면 다 같이 그 가해자를 본받아 일을 안 하면 될 일 아닌가, 왜 피해자들은 가해자를 대신해 일을 떠안고 야근을 하며 고통받는가.
　나중에야 나는 어떻게 이런 일이 일어나는지 알게 되었다. 그 태업하는 공무원은 일종의 생태계 교란종인 것이다.
　대부분의 공무원들은 조직 안에서 자기 할 일을 하

며 생업의 자리를 지킨다. 그런데 도태가 없는 이 조직에 가끔 섭리를 거스르는 존재가 출현한다. 누군가 일을 하지 않고, 또 그걸 내버려두면 직접 피해를 보는 사람들이 나온다. 그런 상황을 두고 볼 수는 없는 평범한 선의를 가진 이들이 일을 떠안는다. 그렇다면 그 당사자는 이기심의 대가로 이득만 얻게 될까?

그는 온 조직에 골칫거리로 소문이 난다. 자리 이동이 있을 때면 부서마다 그를 받지 않으려 서로에게 미루고, 마지못해 그와 동료가 된 사람들에게서 소외된다. 그가 정년을 채우고 연금도 기대하는 사람이라면 아주 긴 세월 동안 소속된 집단에서 배제되는 상황을 견뎌야 한다. 사람은 무리에서 배척받을 때 육체적 고문을 받는 것과 같은 정서적 고통을 느낀다고 한다. 비유가 아니라, 실제로 몸의 고통에 반응하는 뇌 부위가 활성화된다. 이걸 견디는 것을 일하는 것보다 낫다고 여길 수 있는 사람이라면 그는 동료들에게 자연재해와 다를 바 없다. 그를 본받아 나도 일을 하지 말자는 생각 같은 건 하기 어렵다.

타인의 고통에 아랑곳하지 않고 얻는 이득은 대개

공짜가 아니다. 그걸 거부하고 선의를 갖는 게 더 자연스럽고 자신에게도 이익이 되는 일이라고 생각하면 마음이 한결 가벼워진다.

　자수성가한 사람 오십 명의 인터뷰를 수집해 책을 쓸 때, 자료 채집 과정에서 의외의 공통점을 발견했다. 한 명을 제외한 인터뷰이 전부가 기부나 봉사를 하고 있었던 것이다. 그때 나는 개인의 성공과 선행이 어떤 상관 관계가 있을까 깊이 고민했다. 우리 모두가 알고 있듯 선한 사람만 부자가 된다는 동화 같은 결론에 도달할 수는 없는 일이었으니까. 소득공제나 홍보가 목적이 아닐까도 살펴봤지만, 그렇다고 하기에는 별 이득이 없던 시점부터 그 일을 시작했거나 비공개로 하는 사람들이 생각보다 많았다. 인터뷰가 진행되고 책의 주제가 골격을 갖춰 가면서 비로소 나는 대략의 결론에 도달했다.
　그것은 '도덕적 자부심'이라는 것에 닿아 있는 것이었다.
　사람은 자신이 선한 사람이라는 자부심이 있을 때

고비가 와도 버틸 수 있다. 내가 세상에 어느 만큼이라도 이로운 존재라는 믿음은 우리가 알고 있는 것 이상으로 힘이 세다. 나의 인터뷰이들은 그걸 본능적으로 알고 자신의 도덕성에 실체를 부여하는 일에 이끌렸던 것이다.

여기서 중요한 건 이들에게 도덕성을 부여하는 건 누구이며 얼마만큼 선해야 하는가이다. 원론적이게도 이것이 바로 우리가 자주 입에 올리는 단어, 철학이다.

소크라테스에서 들뢰즈까지 철학사를 훑으라는 식의 말이 아니다. 경험과 성찰을 통해 자신에게 맞는 선함의 기준을 찾아내고 그게 사회에서 합의한 가치에서 크게 벗어나지 않는다면, 그것이 곧 철학이다.

어차피 모두에게 선한 사람이란 있을 수 없다. 더구나 가치가 분화된 현대사회에서의 철학은, '내가 누구에게 선한 사람이 될 것인가'를 선택하는 일이라고 바꿔 말할 수도 있다.

어떤 기업인은 최대한 이익을 내서 그것을 기부해 사회에 환원하는 것을 선이라고 여긴다. 반면 또 다른 기업인은 양질의 고용 창출을 더 많이 하는 것을 사회에 대한 선이라고 생각하고 이게 기부보다 더 비용이 많이 들고 어려운 일이라고 설명한다. 이들의 선은 방향은 다르지만 각각 다른 수혜자가 존재하고 사회적 합의선 안의 신념이다. 이런 것이 철학이다.

우리는 선한 사람으로 살아도 크게 손해될 것 없는 시대를 살고 있지만 철학 없이 도덕적 자부심에 대한 욕망만 앞세우면 착취자의 먹잇감이 되거나 독선적인 인간이 될 수 있다. 그리고 '사회적 합의'라는 것은 시간이 지나면서 달라지기 때문에 외부 세계에 어느 정도는 예민할 수 있어야 한다. 타인에 대한 관심을 걸어잠근 채 선하기는 어려운 시대다.

나는 거의 평생 일기를 써 왔는데 그중 꽤 오랜 기간 일기장의 이름이 '꽃향기와 꿀맛의 나라'였다. 놀랍게도 초등학생 시절의 일기가 아니다.

사춘기와 청년기 사회의 일원으로서 머리가 굵어가던 시기의 내게 가장 복잡한 것은 악의가 아니라 선의였다. 다른 사람들의 진짜 선의를 알아채는 것도 어려웠고, 내 나름의 선이 타인에게 외면받는 것도 힘들었다. 그래서 세상 사람들이 모두 손해를 의식하지 못하는 적당한 바보라서 다 같이 행복하면 좋겠다는 생각을 자주 했다. 한 적당한 바보가 들꽃 가득한 들판에서 꿀바른 빵이나 먹으며 지었을 법한 제목을 일기에 붙인 이유였다.

그로부터 많은 시간이 지났는데도 여전히 '선'은 어렵다. 자기기만과 합리화로 선의 경계를 허물어 가며 이기심을 채우는 사람들을 볼 때마다 마음이 복잡해진다. 그러나 이제는 그럴 때 어떻게 휘저어진 속을 가라앉히는지 알고 있다.

선이 의심될수록 타인의 이기심을 믿는 것이다. 정말 나쁜 이들은, 이기적이어서 어느 정도는 이타적일 수밖에 없는 인간의 사회에서 어떤 방식으로든 대가를 돌려받는다. 그것은 겉으로 드러나는 것이 아닐 때가 많다.

이 사실을 확인할 때마다 자신을 향해 중얼거리곤 한다.

그러므로 악인의 말로에 관심을 기울이지 말고 자신의 선의에 마음을 더 기울이자고.

여러 면에서 가치관이 바뀌고 있는 시대를 살고 있는 우리는 어쩌면 '사회적 합의'라는 말 안에서 표류하기도 하겠지만 그 의심과 성찰 자체가 도리어 괜찮은 길로 가고 있다는 증거가 되어 줄 것이다.

연구자들에 따르면 선의나 호의를 베풀며
행복을 느끼는 사람들에게는 공통점이 있었습니다.

【 능동적인 선의 베풀기 】
수동적으로 상대의 요구에 따라 빼앗기듯 베푸는 선의는
오히려 박탈감을 느끼게 할 뿐입니다.
타인에게 베푸는 선의는 내가 정한다고 생각하세요.
타인의 부탁을 거절하는 것이 나쁜 일이 아니라는 걸 기억하세요.

【 내 인생에 지장이 없는 한도 내에서 베풀기 】
봉사활동을 하는 이들의 행복감을 분석한 연구에서 봉사 시간이
늘어나면서 만족감이 내려가기 시작하는 지점을 발견했습니다.
그것이 일 년에 백 시간 정도였다고 해요.
일주일에 두 시간씩 봉사에 할애했을 때
가장 큰 행복감을 느꼈다는 의미입니다.
두 시간이라는 숫자는 상대와 상황에 따라 달라질 것입니다.
무리하지 않는 선 안에서 기대 없이 줄 수 있어야
받는 사람의 반응이나 대가에 상관없이 베풀 수 있습니다.
경험을 하면서 의식하다 보면
자신에게 맞는 기준을 발견하게 되니 삶에 적용해 보세요.
어렵지만 좀 악하게 살아도 된다고 생각하고 사는 것보다는
쉽습니다.

운 좋은 사람이 되는 건
　　　　 의 외 로
　　　　　　　쉽다。

친구와 가기로 한 여행 일정이 단단히 틀어진 적이 있었다. 그날 우리는 복잡한 이유로 한국의 3대 오지 중 하나라는 봉화에 대책 없이 도착했다.

별다른 여행 계획도 없이 며칠이나 머물게 된 곳 치고는 할 일이 너무 없었다. 추천받은 풍광 좋은 카페는 그 사이 폐업했는지 검색에 잡히지 않았고, 오지답게 일주일에 사나흘만 영업하는 다른 곳들과도 좀처럼 시간이 맞지 않았다. 저녁 식사는 문 연 식당이 없어 숙소에서 해결해야 했다. 전국 각지에서 강의를 하고 기왕 가는 김에 짧은 여행하기를 즐기는 나조차 이 정도로 한적한 곳은 처음이었다. 그래도 우리 일행은 이렇게 한적한 곳에 다시 올 일이 있겠냐며 주어진 시간을 오롯이 이곳에서만 보내기로 했다.

항상 미리 계획된 대로 움직이고 대개는 몇 달 전부터 채워지는 스케줄러 속 일을 하며 사는 내게 이런 식의 공백은 자연스러운 게 아니었다. 갑자기 아무 할 일 없이 시골에 머물게 되니 뭐라도 보람 있는 일을 찾아야 할 것 같았다. 무작정 숙소 밖으로 나가 동네 산책부터 했다.

숙소는 사과 농장 한가운데 있는 한적한 곳이었다. 마침 수확철이라 마을은 온통 사과가 지천이었다. 사과를 보는 대로 먹어 치우는 인간으로 수십 년 살아 놓고선, 나무에 달린 사과를 직접 본 건 그때가 처음이었다. 수확을 앞둔 진짜 사과나무는 내가 관념적으로 알고 있던 이미지와 너무나 달랐다. 연약해 보이는 나무가 힘겹게 열매를 붙들고 있는 모양새라 신기하게 바라

보았다. 나중에 알아보니 사과가 햇빛에 골고루 닿게 하려 수확 막바지에 가지와 잎을 정리하는 것이라고 한다.

정오를 앞둔 과수원에는 사람들이 보이지 않았다. 물이거나 농약일지도 모를 액체를 살포하고 있는 로봇을 본 게 전부였다.

그 며칠 동네 식당에서 점심을 먹고 동네에 하나뿐인 빵집에서 저녁거리를 샀다. 어떤 날은 역시 그 지역에서 유일한 책방에서 책을 골랐으며 과수원 주인이기도 한 집주인이 냉장고 가득 채워 준 사과를 틈만 나면 먹고, 밤이면 빛 공해라곤 없는 하늘에서 별을 보았다.

그러다 어느 아침, 거실 통창 밖으로 펼쳐진 백두대간 산줄기를 보며 사과를 잘라 먹다 이런 말이 새어 나왔다.

참 좋다. 대체 우린 무슨 복이니?

그 말을 하면서도 이 말이 이치에 닿는 건가 싶었다. 숙소 예약이 날아가 목적지가 바뀌고 기차를 놓치는 등 시작부터가 오류였던 이 여행 안에서 그저 존재하고 있는 주제에 하필 행운을 체감하다니 그럴 법도 했다. 말을 뱉고 잠시 생각해 보니 내가 이렇게 말을 할 수 있는 사람이 되어서 운이 좋은 것은 아닐까 하는 생각이 들었다.

삶을 하루 단위로 살기로 결심했을 때부터 내게 주어진 불운의 무게에서 제법 벗어날 수 있었다. 개인의 인생을 관통하는 전체로서의 불운은 뿌리가 깊고 거대해서 이걸 의식하고 있는 한 불안하지 않을 도리가 없다. 하지만 삶을 하루씩 쪼개서 바라보기 시작하면 불운의 크기도 작아진다. 그 하루하루의 의무도 단순해진다.

오늘 해야 할 일을 잘 해낸다.
오늘 새로 보는 작은 것들에 호기심을 느끼며
그 자체를 즐겨 본다.
문제가 생기면 오늘 해결할 수 있는 만큼만 하고
나머지는 내일의 나에게 인계한다.

이렇게 살다 보면 운이 나빠 잘못 든 길에서도 그때그때 만나는 것들을 있는 그대로 바라보며 호기심을 유지할 수 있다. 호기심과 감탄은 나라는 존재의 의식이 과거와 미래를 헤매며 불운의 몸통을 헤집지 않게 해 준다. 그래서 일상이라는 중립적인 상태에서 운이 좋다고 느낄 수 있는 것이다.

나는 참 운이 좋다.

한때 무너져 가는 삶을 버티려고 애써 짜내던 말이 이제는 진심이 되었다. 순간에 집중하게 해 주었던 그 말이 운 좋은 현실로 나를 꺼내 준 것인지 그 말을 증명하기 위해 뭐라도 한 일들의 결과값인지는 알 수 없지만, 어쨌거나 지금의 나는 자신을 운 좋은 사람이라고 여기고 있다.

결핍이 있는 시기에 이런 말을 한다면 누군가는 애잔한 정신승리라고 비아냥거리겠지만 뭐 어떤가. 정신승리라도 우선 할 수 있는 사람이 진짜 승리도 하게 된다. 그래도 타인의 악의를 목격하기 힘들다면 남한테 들키지 않고 조용히 자신에게만 말해 주면 된다.

너는 운이 좋다고.

누구라도 삶에는 분명히 축복받은 무언가가 있다. 지구에서 일어나는 모든 일에는 양면성이 있다는 사실을 기억한다면 축복의 흔적을 발견하는 게 조금 더 쉬워진다. 불면증이나 공황장애, 우울감 따위로 쉽게 이어지는 예민한 기질을 가진 내가 그 덕에 창작자로서 오래 먹고살고 있는 것처럼 말이다.

아침에 눈을 뜨면 그날 하루 붙들고 살아갈 내 행운을 찾아보는 것, 하루를 마칠 때 그날의 행운을 되짚어 보는 건 꽤 실용적인 일이다.

걱정이나 고민거리 때문에 괴롭다면
그것을 해결하기 위해
오늘 할 수 있는 일이 있는지 생각해 보세요.
(이 부분에서 소극적으로 굴면 안됩니다.
최선을 다해 정보를 찾거나 인과관계를 맞춰 보세요.)
내 힘으로 해결될 수 있는 일이 없다면,
일을 떠맡을 미래의 나에게 걱정을 미룹니다.
'미래의 나'는 항상 생각보다 잘 해냅니다.
대신 오늘 하루 할 수 있는 일을 하거나 휴식을 취하며
미래의 내가 질 짐을 줄여 줍니다.

혼돈의 묘약,
자아통제감

 몽골 초원을 국산 승합차에 의지해 횡단할 때였다. 사방 풍경이 비슷비슷한 초원에서 내비게이션도 없이 길을 어떻게 찾는지 모르겠는데, 기사는 저기 보이는 큰 언덕까지 가는 데에 한나절이 걸린다고 했다. 저렇게 빤히 보이는 곳을 가는데 그렇게나 오래 걸린다고? 의문이 무색하게 나는 곧 그 말을 납득하게 되었다.

 시야가 무한대로 트여 있는 곳이라 목적지가 보기보다 멀리 있는 것도 이유였지만 그보다는 그리로 가는 길이 더 문제였다. 아기 양이 뛰어노는 목가적인 풍경이 먼저 떠오르는 이 초원이라는 것은 그리 만만하지 않았다. 내가 선 위치에서 저곳까지 가는 동선이 평탄한 직선거리일 거라고 예상한 것부터가 틀렸다. 초원은 멀리서 보는 것처럼 평평하지 않고 완만한 구릉으로 연결되어 있으며 그 사이로 길이 구불구불 나 있었다. 비포장로라 차 천장에 머리가 다치지 않게 쿠션이 덧대어져 있을 정도로 승차감은 거칠었고, 더러 그런 길마저도 건천이 생겨 물에 잠겨 있기 일쑤였다. 나는 우리가 최종 목적지까지 무사히 도착할 수 있을지 두려웠다. 초원을 달려온 사흘간 길에서 딱 한 번 마주친 유럽 관광객들은 '안에 사람이 탄다는 것을 고려하지 않고 만든 것'만 빼고는 모든 것이 완벽하고 튼튼하다는 러시아산 승합차를 타고 있었다. 이러다 이 인적 없는 초원에서 차가 서버리거나 길을 잃으면 어쩔 것인가.

그러나 나를 그 여행에 초대한 현지 출판사 사장님과 그가 고용한 기사는 평온했다. 멀미에 시달려 졸다 깨기를 반복하는 나를 안쓰럽다는 듯 돌아볼 뿐이었다. 내게는 천만다행, 그들로서는 당연하게도 우리는 서쪽 눈부신 호수에 무사히 당도했다.

길을 이미 알고 운전대를 잡고 있는 사람은 당연히 도착할 것이라는 믿음을 갖고 있다. 가는 길에 변수가 생겨 늦어지거나 짜증이 날 수는 있어도 가고자 하면 갈 수 있다는 걸 안다.

인생이라는 길 위에서 이런 기분을 느끼는 것을 '자아통제감'이라고 한다.

우리는 사소한 일상에서도 마음대로 되는 게 별로 없다는 걸 자주 느낀다. 삶의 모퉁이에서 슬픔이나 고통과 종종 마주치는 걸 피할 수 없다는 것도 알고 있다. 기대를 깨는 일을 겪을 때 느끼는 기분은 누구라도 별다른 차이가 없다. 사람들이 "멘탈이 세다"라고 표현하며 부러워하는 이들도 똑같이 내면이 부서진다는 걸 알게 될 때가 많다.

자아통제감을 가진 사람들이 다른 건 그 다음부터다. 이들은 당장 자신의 눈앞에서 일어난 어이없는 인생 사건과는 상관없이 자신의 삶 전체가 자신이 원하는 방향대로 당연히 흘러갈 거라는 굳은 믿음이 있다. 험한 몽골 초원에서 차를 모는 운전자가 저기 보이는 산에 당연히 도착할 거라고 믿는 것처럼 말이다. 그래서 이내 정신을 수습하고 당장 자신이 할 수 있는 일을 찾아서 하게 된다.

사실 삶에서는 이룰 수 없을 것만 같던 일이 현실이 되는 기적이 생각보다 자주 일어난다. 인간의 미약한 노력이 그런 기적의 도화선이 될 때도 적지 않다. 그래서 자아통제감이 높은 사람이 하는 일들은 높은 확률로 문제 해결에 도움이 된다. 이런 체험의 누적은 한 사람이 후회하지 않는 삶을 살 수 있게 하는 중요한 단서가 된다. 자신이 이 세계에 가한 물리적인 힘이 실제로 결과를 낳는 걸 주기적으로 목격하는 사람들은 쉽지 않더라도 괜찮다고 여겨지는 삶을 산다.

대학 시절 시험 기간에 도서관에 가면 친구들이 빈자리가 없다며 돌아나올 때에도 이상하게 내가 다시 들어가 찾으면 자리가 있었다. 처음에는 내가 시력이 좋은 건가 했는데 그게 아니었다. 나는 책이나 가방이 놓여 있는 모양이 수상하면 옆자리 사람에게 주인 있는 자리냐고 물어보았을 뿐이었다. 그렇게 하면 셋 중 하나는 "아뇨"라고 하며 물건을 치워주곤 했다. 올 기미가 보이지 않는 친구 대신 맡아 놓은 자리이거나 무심코 자신의 물건을 놓아둔 것이었다. 뜻밖에도 이 하찮은 시도를 하는 또래가 드물었던 기억이 있다.

어떤 상황에서 원하는 것을 얻기 위해 할 수 있는 일을 해 보는 습관은 최소한 내 삶 정도는 내가 장악하고 있다고 느끼는 어른이 되게 해 주었다. 이 불가항력의 세상에서 여전히 개미처럼 미미한 존재지만 적어도 자기 마음 가는 대로 먹고 일하고 놀 수 있는 개미라고나 할까.

사람이 인생에서 자존감이 가장 낮을 때가 십대 후반이라고 한다. 자아가 막 생겨났지만 경험이 적어 자기 힘으로 통제할 수 있는 게 없어 생기는 세계와의 충돌 때문이다. 바꿔 말하면 겪은 게 많아 아는 것도 많아지는 중인 우리는 자아를 위해 무언가를 할 수 있는 내재적인 힘을 갖고 있다. 그 힘을 현실 세계로 끄집어내는 실낱 같은 행위만으로도 점점 마음의 힘이 센 사람이 될 수 있다.

자아통제감이 있는 사람은 혼란과 소용돌이 속에서 잠시 흔들리다 이내 중심을 잡고 할 일을 찾아낸다. 그 일은 실제로 문제를 해결할 단초가 되기도 하고, 그 시간을 묵직하게 견디게 해 주는 무게추가 되기도 한다. 애초 웬만한 혼돈에 휩쓸리지 않게 하는 내면의 닻이기도 하다.

잠들어 있는 자아통제감을 흔들어 깨우기 위해 사소한 의지를 태도로 변환하는 연습을 해 보는 건 어떨까?

일상에서 말로만 '해야지'라고
생각했던 일이 있었다면,
그걸 의식하자마자 행동으로 옮겨 보세요.
'밀린 실손보험 청구하기' 같은
당연한 일이어도 좋고,
'회사 앞 유명 다쿠아즈 먹어보기' 같은
사소한 일이어도 좋습니다.
당장 할 수 없다면
이런 것을 적어두는 리스트를 만들어
틈틈이 지워 나가는 것도 괜찮은 방법입니다.
내 의지가 행동과 결과로
이어져 나가는 과정을 음미해 보세요。

part. 3

정리하고

선택하는

힘

꼭 필요한 물건만
 남 기 는
연습해 보기。

나는 옷장 정리를 자주 하는 편이다. 이미지가 외부에 자주 노출되는 편인 것에 비해 옷이 적어 가방 등을 더해도 붙박이장 두 칸을 넘지 않는다. 근래 옷장을 뒤적이다 문득 그 잦은 구조조정에서 살아남은 재킷 중 하나가 눈에 거슬렸다.

저걸 마지막으로 입은 게 언제였더라?

길게 잡아도 3년 입지 않으면 정리한다는 내 원칙에 어긋난 물건인 것만큼은 확실해 보였다. 주머니 안에

숨겨진 케어라벨에서 옷의 생산연도를 확인해 본 나는 충격을 받았다. 대략 몇 년 전 산 것으로 알고 있는 이 옷이 십수 년 전 만들어진 것이라니 믿을 수 없었다. 내가 좋아하는 브랜드의 옷인데다가 비교적 무난한 디자인이었다. 무엇보다 큰맘 먹어야 치를 수 있는 값에 산 것이었다. 그래서 언제든 입을 수 있는 옷이라고 분류되었지만 정작 외출할 때는 매번 드레스 리허설에서 탈락해 다시 바깥 공기를 쐬지 못했다. 이런 상황에서 어떻게든 정든 옷을 활용해 보려는 노력은 전에도 해본 적 있었다. 수선이나 창의적인 코디 같은 것 말이다. 하지만 외출이 드물고 옷장이 간소한 내게는 그런 억지 수명 연장이 통하지 않았다. 어떻게 입어 봐도, 다른 '요즘 옷들'과 어울리지 않는다는 것을 확인하고서야 나는 이 재킷을 보낼 때가 한참 지났다는 것을 깨달았다.

중고 시장에 싸게라도 내놓을까 어플을 열어보자 한 번 더 내 갈등이 부끄러워졌다. 훨씬 새것인 옷들도 막상 남의 시선으로 보니 초라하기 짝이 없었다. 그곳에는 자신이 그것을 샀을 때의 가치를 포기하지 못하는 사람들이 많았고, 그 속에 내 모습이 있었다.

재활용 통으로 가지고 가는 길에도 잠깐 망설였던 것 같다. 처음 살 때 반했던 편안한 재단과 반질한 원단이 눈에 들어왔다. 이걸 버리고 나서 밀려올지도 모를 후회에 맞설 용기가 있는지 마지막으로 한 번 더 자문했다.

그렇게 빈손으로 집으로 돌아와 바로 다시 옷장을 정리하면서 떠오른 말은 이거였다.

역시 정리하기 잘했다.

두툼한 재킷 하나가 사라지자 옷장 공간이 한결 여유 있어졌다. 걸어 놓은 옷 사이로 맑은 공기가 통할 것처럼 보여 기분이 상쾌해졌다. 나는 오랜 미련을 버릴 작은 용기를 낸 대가로 '공백'을 얻었다. 공백은 사치스러운 것이다.

실은 정리하고 비우는 건 내 오랜 습관이다. 정리 트렌드가 번지기 전부터 나름대로 방법을 찾아 정리를 해오고 있는 내게도 주기적으로 이런 갈등의 순간이 찾아온다. 그럴 때마다 몇 가지 정리 매뉴얼을 떠올린다.

이를테면 나는 집안에서 정체를 알 수 없는 물건을 발견하면 그냥 버린다. 표준에서 벗어난 부품이나 부속물은 분류가 안되어 정리 자리를 정하기 어렵다. 둔다고 해도 나중에 그게 필요한 상황이 될 때 필요한 게 그 물건이라는 걸 알아챌 수 없을 것이다.

유형별로 물건의 자리를 정해 두고 그 자리가 넘쳐 공간이 부족해지면 그 안에서 버릴 물건을 골라낸다.

물건을 사면 용도가 겹치는 기존의 것을 정리한다. 새로 사고 싶은 물건을 발견하고 '이게 집에 있는 그걸 버릴 만큼 가치가 있는가'라고 자문하면 욕구가 사라질 때가 많다.

무자비한 정리형 인간이므로 그때 버린 물건이 이

럴 때 필요했겠구나라는 생각이 든 순간이 아예 없었던 건 아니다. 하지만 한 번도 후회하지는 않았다. 그 물건을 다시 사는 값이 수년간의 보관 비용보다 싸다는 생각이었다. 스스로 결정하고 결과에 책임지는 작은 순환이 이 행위 안에서 일어나는 것이다.

마음이 병든 사람들이 보이는 가장 흔한 증세 중 하나가 버리고 정리하지 못하는 것이다. 아무리 사소한 것이라도 결정을 내리는 데 힘을 쓰기 싫다고 느끼기 때문이다. 그럴 때는 도무지 정리되지 않는 거대한 인생의 짐에 우선순위를 두지 말고 먼저 손에 닿는 물건을 정리하는 것이 도움이 된다.

머리를 비우고 눈에 보이고 만져지는 물건들에 질서를 부여한다.
그러다 보면 진짜 삶의 선택으로 뚜벅뚜벅 걸어 들어갈 용기도 조금씩 차오른다.

지금도 나는 마음이 복잡해지면 서랍 하나를 빼들

거나 벽장 한 칸에 매달려 정리를 하곤 한다. 나오지 않는 펜, 기한이 지난 증명서, 정체 모를 처방약 등 버릴 것이 우르르 나온다. 그런 것을 정리하고 나면 드디어 공백을 얻은 공간이 그 안에 있는 물건을 한 번에 보여 준다. 뭔가를 찾기 위해 뒤적거릴 필요가 없는 쾌적한 공간은 작고도 선명한 통제감을 안겨 준다.

만져지지도 설명되지도 않는 마음속 혼돈은 그 통제감과 함께 가라앉는다.

정리광이나 결벽증 유병자에게나 통하는 방법일 거라는 의심을 지우기 위해 내가 허술한 인간임을 밝혀야 할 것 같다. 나는 바닥의 머리카락이나 먼지에 무심하며 정리한 물건들이 보기 좋게 도열해 있는 것에는 관심이 없다. 게다가 마음 먹고 정리의 칼을 빼든 날을 제외하고는 물건의 정리 상태가 딱히 눈에 띄지 않는다.

사람들은 안경, 핸드폰, 열쇠 같은 사소한 물건을 찾는 데에 평균 하루 십 분 정도를 쓴다고 한다. 그게 모여서 평생 몇 개월씩 낭비하는 거라는 셈을 하자는 게 아니다. 아마 몇 초에서 몇 분씩을 그러모아 계산한 것일 테지만, 그 십여 분의 시간은 물흐르듯 이어지던 의도를 토막내고 무의식적인 불쾌감을 준다. 찾으려고 하는 게 핸드폰 같은 것보다 드물게 쓰는 물건인 경우까지 포함한다면 훨씬 긴 시간 그런 불쾌감을 안고 지내야 할 것이다. 가장 많은 시간을 보내는 공간이 자신의 의도대로 통제되지 않는 기분은 그 공간의 주인의 내면을 좀먹는다.

우리는 알고 보면 내키는 대로 물건을 부려놓는 행위가 아니라 원할 때 언제든 그 물건을 찾을 수 있을 때 진짜 자유를 느끼게 된다.

내게 가진 물건들을 덜어내고 단순화하는 연습은 미숙한 자아의 뿌리를 키우는 작업과 거의 궤를 같이 했다.

자존감은 무거운 자아에 깃들 수 없다. 불필요한 것들을 덜어내야 삶에서 가장 소중한 요소에 집중하고 알맞은 순간에 적절한 결정을 할 수 있다.

사람은 내적 성장을 하면서 다음 단계의 인생으로

옮겨가야 할 시기를 몇 차례 겪게 된다. 그럴 때 내 오래된 재킷처럼 형식과 미련만 남은 것들을 버리고 다음 세계로 옮겨갈 수 있어야 한다. 버려야 할 것은 관계일 수도, 관성이 된 습관일 수도 있다.

모든 버리는 일에는 용기가 필요하다. 버리는 것들 안에 숨겨져 있을지도 모를 가치를 포기하는 것이기 때문이다. 그 선택에 책임을 지는 것이 두려워 미루고 싶어진다. 버리는 것을 잘 하지 못하는 사람들의 마음이다.

필요 없는 물건을 버리는 일은 일종의 예행연습이 되어 준다.

> 한때 요구나 욕망 때문에 삶에 들였지만
> 이제는 의미 없어진 물건.
> 얼마간의 가능성 때문에 내가 운신할 공간을
> 좁히고 정서적 개방성을 해치는 물건.
> 그런 것을 버려도
> 아무 일이 일어나지 않는다는 것을
> 확인하는 경험은 꽤나 유용하다.

이 글을 읽으신 후
바로 버릴 물건을 하나 이상 찾아
정리해 보세요.
버릴 물건이 하나도 없을 리는 없습니다.
우리는 숨 쉴 때마다 시간이 지나면 쓸모없어질 물건을
소모하는 종이니까요.
그런 물건이 사라지고 남은 공백을
생활을 하며 의식해 보세요.
여유가 생긴 공간이 주는 충족감을 느껴 보기도 하고,
필요하지 않은 무언가를 없애도
큰일 나지 않는다는 것도 확인해 보세요.

누군가에게
　　　작고 무해한
부탁을 해보기。

　나는 부탁을 잘 못하는 사람이었다. 그리고 여전히 부탁은 어렵고 또 어렵다.

　원래 타인에게 자신을 위한 일방적인 호의를 요구하는 건 쉽지 않은 일이다. 폐를 끼치면 안 된다는 기본적인 도덕심 문제가 아니라 부탁을 해야 하는 상황이 몹시 불편하기 때문이다. 우리는 특별히 심성이 좋은 사람이 아니라도 누군가에게서 무언가를 빼앗을 때

정리하고 선택하는 힘

보다 줄 때 더 편안한 감정을 느낀다.

간혹 유통기한이 지났거나 상품가치가 떨어지는 물건을 억지로 떠안기는 가족이나 지인 때문에 고민이라는 이들을 보곤 하는데, 인색한 사람이 '주는 쾌감'만은 느끼고 싶을 때 이런 일이 생긴다.

우리 사회에서 '남에게 아쉬운 소리 하지 않아도 되는 삶'을 '괜찮은 삶'이라 자주 표현하는 것을 보아도 짐작할 수 있는 일이다.

서슴없이 남에게 무리한 부탁을 하고 요구하는 사람을 경계해야 하는 이유가 여기에 있다. 그런 사람은 어딘가가 고장 나 있는 사람이다. 쾌감을 느끼는 마음의 구조가 예사롭지 않거나 관계를 처음부터 잘못 배운 사람일 수 있다.

평범한 사람에게 부탁하지 않아도 되는 삶은 편하다. 하지만 아무런 부탁이 오가지 않는 일상의 반복이 마냥 좋기만 한 것일까?

오래전 도서정가제가 생기기 전에 있었던 일이다.

가을 책 축제에서 유명 대형출판사 창고 개방 행사장에 간 적이 있었다. 그때는 운이 좋으면 그런 행사장에서 좋은 책을 싸게 살 수 있었다. 고전 위주의 책을 내는 출판사라 재고라도 살 만한 책이 많을 것이었다. 나는 책 쇼핑을 실컷 할 생각에 설렜다.

그런데 막상 가 보니 책 창고로 줄지어 들어가는 사람들이 예상보다 훨씬 많았다. 도대체 얼마나 걸릴지 가늠이 안 가 줄을 따라 안쪽으로 걸어가 보았다. 입구에서 사람을 들여보내고 있는 출판사 직원의 말로는 지금 줄을 서는 이들은 두 시간 정도 기다려야 한다고 했다. 여기까지 왔으니 두 시간쯤은 기다려야 하나 고민하며 걸어가다 보니 또다른 기나긴 줄이 있었다. 자세히 보니 창고에서 책을 골라가지고 나와 계산을 하려는 사람들의 행렬이었다. 그 줄을 지나치다 문득 산더미처럼 책을 쌓은 카트를 쥐고 있는 모녀가 눈에 띄었다. 중년의 어머니와 대학생 쯤 되는 딸이었다. 그때 좀처럼 낯선 사람에게 말을 거는 법이 없던 내가 무슨 생각이 들었는지 그들에게 말을 건넸다.

정리하고 선택하는 힘

"책을 많이 사셨네요. 뭐 좀 여쭤봐도 될까요? 저 안에 책들이 그렇게 싸던가요? 들어가려면 두세 시간 기다려야 한다는데요."

그러자 모녀는 마치 기다렸다는 듯이 앞다투어 대답을 해 주었다. 책의 할인 폭이 예상만큼 크지 않더라며 이 정도인 줄 미리 알았다면 결코 줄을 서지 않았을 거라고 했다. 온라인 세일 수준이니 그 기회를 노리라는 당부도 덧붙였다.

그들의 호의 덕에 나는 망설임 없이 줄에서 이탈해 다른 책 축제 행사장에서 편안하게 시간을 보낼 수 있었다.

나처럼 기질적으로 타인과의 소통에서 피로도가 높은 사람은 대개 누군가에게 모르는 것을 묻기보다는 혼자 고생해서 알아내는 것을 선택한다. 그 무렵의 나 역시 그랬다. 하지만 누군가에게 묻고 부탁하는 일의 효용을 깨달아 가고 있던 시기라 그날은 용기를 좀 내고 싶었던 모양이다. 긴 기다림에 무료하지만 좋은 날씨에 외출해 기분은 좋아 보이는 모녀에게 낯선 이의 질문 하나쯤은 괜찮을 거라고 생각했다. 그들은 다행히 '주는 쾌감'을 즐길 준비가 돼 있는 사람들이었고 내 쪽에서는 짜낸 용기의 크기에 비해 얻은 것이 컸다.

우리는 모두 서로 연결된 존재이고 그 연결을 통해 무언가가 이루어질 때 자기효능감을 느낀다. 대가를 바라지 않고 부탁을 들어줄 준비가 되어 있으면서 타인에게 무해한 부탁을 할 줄 아는 사람으로 살 때 삶이 확장된다.

'벤저민 플랭크린 효과'라는 말이 있다. 사람들이 자신에게 친절을 베푼 사람보다 자신이 친절을 베푼 사람에게 더 호감을 느끼는 현상을 뜻한다. 자신이 베푼 친절에 효능감을 느끼고 다정한 세상을 만드는 데에 조금쯤 일조했다고 믿고 싶은 마음 때문이다. 그렇다면 누군가에게 베풀고는 잊을 수 있을 만큼의 무해한 부탁을 하는 건 서로에게 나쁘지 않은 선택일 것이다. 생각해 보면 내가 부탁받는 건 아무렇지도 않을 일들을 남에게 하는 건 어려울 때가 많지 않은가?

아무런 부탁이 오가지 않는
쾌적하고 고립된 삶보다,
무리 없는 부탁과 대가를 바라지 않는
호의가 오가는 삶이 더 살 만 하다는 걸
알게 되는 순간이 적지 않다.

매번 멋지게 연출된 동영상과 사진을 자신의 SNS 계정에 업로드하는 지인이 있다. 촬영을 전담하는 직원이 있냐고 물었더니 거의 전부가 혼자 다니면서 멋진 배경을 발견하면 지나는 낯선 이에게 부탁한 것이라고 했다. 구도를 미리 잡고 '이렇게 찍어주세요'라고 하는 것이었다. 간단한 사진 한 장도 아니고 영상까지 그렇게 찍은 거라는 게 믿기지 않았다. 그는 단 한 번도 거절하는 사람을 만난 적이 없었다며, 대부분의 사람들은 생각보다 친절하다고 말해 주었다.

모르는 사람에게 용건 없이 말을 걸거나 허락 없이 친절을 베푸는 것조차 실례가 될 수 있는 우리와 같은 문화권에서는, 타인은 막연히 적대적인 통합적 존재로

만 느껴지기 쉽다. 하지만 부탁이라는 합당한 용건으로 희미하게라도 연결되어 보면 사람들이 우리가 짐작하는 것보다 다정하다는 것을 알게 된다. 무해한 부탁이란 우리가 생각보다 괜찮은 세상에서 살고 있다고 확인하기 위한 소통의 끈일 수도 있다.

부탁이라는 말이 함의하는 복잡성에도 불구하고 우리는 서로 돕고 산다는 생각을 할 수 있을 때에야 행복감을 느낄 수 있다. 상대가 기쁘게 들어줄 수 있을 만큼의 부탁, 그래서 거절당해도 괜찮은 부탁 정도는 할 수 있는 사람이 되는 게 성숙의 과정이라는 것을 이제는 알겠다.

무해한 부탁은 어떤 것일까요?

☐ 상대방이 기꺼이 내어줄 수 있는 만큼의
　시간과 수고가 드는 일

☐ 한 사람에게 한 번만

☐ 고마운 마음 표현하기

☐ 무엇보다 정중하고 무해한 태도

인생의
랜 덤 을
받아들이기。

아무리 사소한 것이라도 '뽑기'로 뭔가를 얻어 본 적이 없다. 선물을 살포한다고 표현할 만큼 확률이 높은 행사장에서도, 커피 쿠폰처럼 가벼운 것을 무작위로 주는 이벤트에서도 당첨되어 본 경험이 없다. 이 비슷한 문장을 십수 년 전에도 어딘가에 적어 넣은 것 같은데 그만한 시간이 지나고 나서도 나와 당첨은 여전히 인연이 없다.

정리하고 선택하는 힘

한창 삶이 나를 조롱하고 있다고 느꼈던 시기에는 이런 면이 내게 독이 되었다. 어릴 때부터 노력해야만 작은 것이라도 얻는 식으로 살았기에 내 힘이 닿지 않는 어둠 아래 떨어졌을 때 쉽게 절망했다. 요행도, 스스로 빠져나올 능력도 없으니 거기 머물러 있을 게 뻔하다는 결론은 그때의 내게 꽤 논리적인 것이었다. 그러던 어느 하루 나는 그 논리를 비틀어 받아들일 만한 경험을 하게 되었다.

그 무렵 하루 중 유일하게 좋아하던 시간, 아침 커피 타임을 통과하고 있을 때였다. 듣고 있던 라디오 프로그램에서 하나의 주제를 던져 주고는 수십만 원 선물권을 건 실시간 사연을 받았다. 라디오가 매스 미디어로 기능하던 시절이라 사연이 채택되는 건 경쟁이 치열하고 행운이 따라야 하는 일이었다. 그런데도 나는 홀리듯 글을 써서 방송국으로 전송했다. 그것은 행운이 차지하는 지분이 전부인 일은 아니었고 그때의 내가 유일하게 잘하는 일은 글을 짓는 것이었으니까.

결과적으로 내 사연은 채택되었다.

그때 나는 행운이 작동하는 방식에 대해서 다시 생각해 보게 되었다. 사실 그 사연은 내가 글을 잘 써서 채택된 게 아니었다. 그 방송 프로그램은 감성보다는 유머 쪽이었고 웃기는 건 내 특기가 아니다. 역시나 사연을 읽는 진행자의 시큰둥함이 그대로 전해졌다. 그런데도 그때 내가 한 백화점 의류 브랜드의 상품권을 받게 된 것은 단지 내가 글을 써서 보냈기 때문이었다.

응모 버튼을 누르거나 복권을 사는 정도의 행동을 투입해서 결과를 바라는 일은 확률이 너무 낮다. 그러나 거기에 어떤 적극적인 행동 한 가지를 추가로 투입하면 확률이 엄청나게 높아진다. 내가 방송국에 사연을 써서 보낸 것과 같은 행동을 말하는 거다. 전국에서 수많은 사람들이 방송을 듣고 있었지만 막상 글을 써서 보내는 사람은 얼마 되지 않았을 것이다. 그중 방송에서 원하는 주제로 읽을 수 있는 분량과 최소한의 인과관계를 맞춰서 보내는 사람은 극소수였을 것이다. 아마 현장의 방송 작가들은 마지못해 내 사연을 채택해 내보냈을 게 뻔하다.

훗날 각종 공모전의 심사위원으로 참여하면서 어

딘가에서 상을 받는다는 것이 보통 사람들이 상상하는 것만큼 어렵지는 않다는 걸 알게 되었다. 결과물의 질과는 상관없이 자기 관심사에 대한 무언가를 끝까지 완성해 보는 사람은 정말 생각보다 적다. 그래서 일단 뭐라도 해 보는 사람은 분에 넘치는 상을 받기도 하고 자기 분야에서 성장할 기회를 잡을 가능성이 커진다. 이런 경험을 조금만 해 보면 삶에서 진짜 필요한 건 내실이지 행운이 아니라는 걸 깨닫게 된다. 내실이 없으면 랜덤으로 행운이 찾아와도 그것을 잡을 수 없기 때문이다.

'스위스 치즈 모델'이라는 이론이 있다. 옛 애니메이션에 흔하게 나오는 구멍 뚫린 치즈가 바로 스위스 치즈라고 불리는 에멘탈 치즈다. 이 구멍은 발효할 때 박테리아가 내뿜는 이산화탄소가 빠져나오면서 생기는 것이라 무작위로 뚫려 있다. 그래서 이걸 얇게 저며 수많은 조각을 내서 이리저리 겹쳐 놓으면 대개는 구멍이 보이지 않는다.

이 이론은 원래 대형 사건사고가 일어나는 원인을

설명하기 위한 것이다. 사람들이 엉망으로 일을 하는 게 눈에 보이는데도 얼레벌레 조직이 돌아가는 건 최소한 한 개의 조각이 구멍을 막고 있기 때문이다. 어느 운 나쁜 날 모든 조각의 구멍이 겹치면 사고가 일어나는 것이다.

묘하게도 나는 몇 가지 시도를 하다가 돌파구를 찾았을 때 이 이론을 떠올렸다. 이런 원리는 나쁜 일뿐 아니라 좋은 일에도 적용된다.

치즈 조각의 위치를 바꿀 때, 돌파구라고 바꿔 말할 수 있는 구멍이 언제 나타날지는 알 수 없다. 그건 운의 영역이다. 하지만 내가 인위적으로 구멍을 많이 뚫어 놓는다면 어떨까? 여전히 운의 영역 안에 있지만 확률은 늘릴 수 있다. 재밌는 건 그렇게 늘린 확률이 현실에서 체감되는 건 숫자로 계산되는 것보다 훨씬 크다는 것이다.

이제 나는 시도가 결과로 이어지지 않아도 낙심하지 않는다. 당첨이라는 신나는 경험이 없는 인생도 제법 괜찮다고 느낀다. 그것보다는 감히 운에 기대지 않고 뭐라도 해 보려는 태도를 가지게 된 게 더 행운이라고 여긴다. 만약 인생 초년 모든 게 긴박하고 어리석었을 때 복권이라도 당첨되었다면 지금쯤 얼마나 끔찍하게 살고 있을까 안도의 한숨까지 내쉬게 된다.

인생은 어차피 시작부터 끝까지 랜덤이다. 좋은 것도 나쁜 것도 제멋대로 찾아온다. 그러나 그 안에서 어떻게 살지 선택하는 것만큼은 내 몫이라는 걸 받아들이면 한결 의연해질 수 있다.

'나는 운이 좋은 사람인가?'
이 질문을 자신에게 던져 보세요.
만약 운이 나쁜 편이라는 생각이 든다면
어떤 일이 일어날 때 운이 좋을 것 같은지도 생각해 보세요.
그리고 원하는 상태로 가기 위해
내가 할 수 있는 '행동'이 무엇인지를 찾아보세요.
거창하거나 결과를 내야 하는 것이 아니라
'그냥 하기만 하면 되는 것'으로 찾으시면 됩니다.
예를 들어 해외에서 살아 보는 것이 꿈이라면
'3년동안 매일 30분씩 영어 회화 공부하기' 같은 식으로요.
'3년 안에 영어 회화 마스터하기' 같은
목표 위주의 행동 지침 말고요.
이런 행동과 과정을 설계하고 그려보면서
끝까지 해내는 사람들이
결국 운 좋은 사람이 된다는 것을 떠올려 보세요.
천천히, 진지하게 이 과정을 따라가 보신다면
내가 정말 운이 없는 사람인가,
다시 생각해 보게 되실 거예요.

정리하고 선택하는 힘

자꾸만
잘 못 된 선 택을 하는
　나 자신에 대한 대처。

　요즘은 어디에서나 생성형 인공지능이 이야깃거리다. 자고 일어나면 더 똑똑해져 있는 이 기술은 경이와 두려움을 동시에 불러 일으킨다. 하지만 내가 이것을 접하면서 가장 먼저 든 생각은 모순되게도 사람이 참 똑똑한 존재라는 것이었다.

　오래전부터 사람들은 지금까지 축적된 기술로 어떻게든 인간 비슷한 것을 만들어 보려는 시도를 해 왔다.

가전제품의 음성 인식이나 간단한 채팅 대화 서비스 같은 것들이 수시로 새로 나와 관심을 끌었지만 언제나 결과물은 조롱의 대상이 되곤 했다. 그러다 드디어 말이 통하는 무언가가 나온 것이다. 산업혁명 이래로 가장 똑똑한 사람들이 쌓고 공유한 과학 기술의 궁극의 결과물이 결국 사람에 가장 가까운 존재라는 사실은 여러 생각을 하게 만든다.

사람처럼 맥락 파악을 하며 대화하려고 인공지능은 초당 조 단위의 연산을 하며, 이를 위해서 축구장 두어 개 크기의 데이터 센터, 그러니까 '머리'가 필요하다. 그 머리는 춘천이나 여수 정도의 도시가 사용하는 것과 비슷한 양의 전기를 소모하고 열을 식히기 위해 수백만 톤의 냉각수도 사용한다. 고작 1.3킬로그램 남짓한 뇌를 닮기 위해 만든 인공 머리가 이처럼 거대하다.

우리가 매일 일상을 살며 수백 개의 선택을 하고 사람들과 대화를 하며 어울리는 일은 굉장한 것이다. 수많은 연산이 일어나면서 엄청난 에너지를 쓴다. 그래서 우리 뇌는 우리가 하는 수많은 판단과 선택이 자동으로 이루어지도록 일종의 패턴을 만들어 놓는다.

덜 생각해서 힘을 아끼라는 절약 시스템이지만 이 패턴을 그냥 내버려 두면 환경에 따라 이리저리 휘둘리는 삶을 살게 된다. 여기서 문제는 이 '환경'이라는 것이 지금의 뇌를 물려준 호모 사피엔스가 대부분의 시간을 보낸 일만 년 전의 것이라는 점이다. 생각을 생각대로 내버려 두면 현대사회에서 불행해지기 쉽다.

나쁘게 만들어진 패턴의 가장 나쁜 면은 그게 온전한 자신의 진짜 생각이라고 착각하게 만든다는 것이다.

내가 만난 어떤 사람에게는 인생에서 뭔가가 부족해지면 그것을 이성의 사랑으로 보상받으려는 패턴이 있었다. 회사에서 일머리가 없다며 동료들에게 외면 받아도, 친구들과의 관계가 틀어져도, 연인의 사랑이 부족해서 마음이 허한 거라는 결론을 내렸다. 여기에는 인과관계가 없는데도 본인은 알아차리지 못했고, 인생의 진짜 문제를 스스로 해결할 수 없게 만들고 있었다. 이런 패턴은 정작 그가 그토록 원하는 '진짜 사랑'을 얻는 데에도 방해가 되었다. 세상의 모든 문제를 대체해

주는 사랑이란 실재하지 않는 것이니 존재하지 않는 것에 대한 갈증을 채워주는 척 흉내만 내는 이들에게 착취의 대상이 되기 일쑤였다.

또 다른 이에게는 인생에서 일어나는 모든 나쁜 일을 두고 외적 귀인을 하는 패턴이 있었다. 그에게는 나쁜 일이 생기면 환경과 타인의 실수가 어떻게 작용한 것인지, 좋은 결과가 나오면 자신이 그것을 얼마나 잘 이끌어냈는지 논리적으로 납득시키는 능력이 있었다. 이런 패턴은 자신이 악의를 품지 않아도 주변 사람들을 자꾸 적으로 돌렸고, 성실하고 영리하게 일을 하는 데도 커리어가 나아지지 않는 이유가 되었다.

우리는 예외없이 저마다 생각의 패턴을 가지고 있으며 그것은 때로 별로 힘들이지 않고도 우리를 좋은 삶으로 데려다 주기도 하고 영문 모를 불행으로 몰아넣기도 한다.

우리는 지금의 삶을 형성하는 모든 일을 '나의 의지'가 선택한 줄 알고 있지만 우리 생각에서 진짜 의지가 작용하는 건 아주 일부분에 불과하다. 무의식을 연구하는 심리학자들의 설명에 따르면 고작 3% 정도라고 한다.

결국 우리 삶의 태도를 결정하는 건 게으른 뇌가 만들어 놓은 패턴인 '자동사고'다. 자동사고가 삶에 불리한 쪽으로 세팅되었고 그것을 끝내 알아차리지 못하는 사람은 무기력한 운명론자가 된다.

그렇다면 애초 이 자동사고를 만들어 우리 안에 집어넣은 건 누구일까?
이건 어떻게 만들어지는 걸까?
새로 고치는 게 가능하기는 한걸까?

어릴 때부터 질 좋은 상호작용을 하면서 좋은 패턴을 심어 준 부모를 가지는 게 가장 이상적이다. 하지만 우리 중 대다수는 그런 부모를 가지지 못했다. 선의를 가졌다고 해도 자기 삶을 잘 운용하지 못하는 사람은 나쁜 패턴을 가지고 있는 경우가 많고 그것은 쉽게 대물림 된다. 우리는 가까운 사람에게서 영향을 받는 존재이기 때문에 부모의 자동사고가 전이되지 않는 것이 더 어려운 일이다.

그러나 생각의 정체를 눈치챘다면 패턴은 어렵지 않게 깨지기도 한다.

나는 사람이 꿈을 꾸는 이유를 뇌의 시각 피질 문제로 해석한 연구 결과를 인상 깊게 기억하고 있다.

우리 뇌세포는 한 번 손상되면 재생되지 않지만 손상된 부위의 역할을 다른 세포가 떠안는 식으로 일을 한다. 이 일이 어찌나 빠르게 이루어지는지 잠을 자는 동안 시각이 작동하지 않으면 그것을 담당하는 뇌 부위가 다른 역할을 맡아 일을 하게 될 거라는 것이다. 그래서 시각을 잃지 않기 위해 일상을 살 때처럼 눈이 일을 하도록 꿈을 꾸는 것이란다.

이렇게 단 몇 시간만으로도 생김새가 바뀌는 게 뇌라면 우리에게 주어진 고작 3%의 의지만으로도 생각의 물길을 새로 낼 수 있지 않을까?

보다 미숙했던 시기의 나는 오래되고 나쁜 패턴을 가지고 있었다. 나를 함부로 대하는 사람들을 밀어내거나 피하지 않고 그들의 말을 아무렇지 않은 척 들으며 곁을 지켰다. 그때의 나에게는 상대방 기분을 상하게 하는 것이 가장 거북한 일이었다. 사람들이 어떤 행동에 기분 상해하는지 짐작되지 않아 상대방에게 나를 무조건 맞추어 주었다. 그런 태도는 알게 모르게 자아를 쪼그라들게 했다. 사람에게 받는 상처는 머리로 상상하거나 본인이 체감하는 것보다 훨씬 해로워서 서툰 어른으로 사는 동안 몸과 마음이 만신창이가 되었다. 게다가 눌린 자아가 못생긴 방식으로 폭발되는 사고가 주기적으로 일어나 관계마저 위태로워지곤 했다.

언젠가부터 그 패턴을 알아차린 나는 자동사고에 대처하는 선택 기준을 미리 정해 놓았다.

아무리 애매하더라도 기분이 나빠지면 일단 최대한 빨리 그 자리를 벗어날 것.
더 간단히 말하자면 도망치기.

일상에서 마주치는 무례함에 쉽게 마음이 패이는 사람이라면 상처 입기 전에 웃으면서 도망치는 게 최선의 공격이다. 실은 이것도 단호함과 용기가 있어야 할 수 있는 일이라는 걸 몇 번 해 보고서야 알았다. 이제 나쁜 신호가 감지되면, 나 자신을 보호하는 쪽으로 자동사고가 작동한다.

삶의 방향을 결정하는 선택의 갈림길 앞에 설 때면 나는 냉정한 관찰자가 되어 내 생각을 들여다본다. 익숙하기 때문에 편한 선택지를 내 취향이라고 착각하고 있지는 않은지, 혹은 내 결핍이 잘못된 곳에서 안식을 찾고 있지는 않은지 묻는다. 이제 무작위로 만들어진 생각과 태도의 결이 더 이상 내 인생을 망치도록 내버려 두고 싶지 않다. 삶에는 어떤 일이든 일어날 수 있지만 망하더라도 최소한 내 진짜 의지를 껴안고 망하고 싶다.

인공지능이 자연지능을 닮게 만들어졌기에 반대로 우리가 스스로의 생각을 길들이는 방법에 대한 힌트도 얻을 수 있다.
반복해서 좋은 것을 경험하고 깨닫게 만든다.

그릇된 알고리즘에 갇혀 있지 않은지 확인하기 위해, 나는 부딪히는 세계에 대한 질문을 수시로 해서 구체적인 답을 얻는다.

책을 읽고 지식을 접하며 나와 다른 입장도 고루 접해 본다.

때론 자동사고에 갇혀 나쁜 선택을 반복하는 타인들을 보며 자신의 비슷한 지점을 짚어 본다.

요즘은 운명학으로 돈을 버는 이들도 의지가 강한 사람은 점을 볼 필요가 없다고 말한다. 알고 보면 강한 의지라는 게 별거 아니다. 귀찮아서 안 하는 일이 많고, 승부욕과 경쟁심이라곤 느껴본 적이 없으며, 안되겠다 싶은 일은 빠르게 포기하지만 이제 나는 내 의지가 녹아 있는 시간을 산다고 느낀다. 그들이 말하는 강한 의지란 생각의 습관을 숙명이라고 여기고 휘둘리지 않는 자각이다.

선택에 필요한 자신만의 자동사고 명령어를 미리 정해두면
생각에 드는 힘을 아끼고 후회가 적은 삶을 살 수 있어요.
예를 들어,
저는 이런 자동사고 명령어를 정해 두었습니다.

☐ 갈까 말까 할 때는 간다.

☐ 두 가지 소비재를 두고 고민될 때는 싼 걸로 선택한다.

☐ 끌리는 일과 나에게 어울리는 일 사이에서 고민될 때는
나에게 어울리는 걸로 선택한다.

정리하고 선택하는 힘

사랑받기보다
　　　존중받기를
선택하기.

여러분의 꿈은 뭐예요?

어릴 때부터 주기적으로 받았던 질문이다. 그 질문에 대해 발표를 하고 글을 쓰고 그림도 그렸던 기억이 난다. 항상 책을 끼고서 백일몽에 빠져 있곤 했던 나는 과학자, 만화가, 스튜어디스, 공무원 등 맥락 없이 그때그때 희망 직업이 바뀌었다. 어떤 직업을 갖고 있어도 상상 속에서 만든 이상한 세상에서 살 것 같으니 그 무럽 막연히 좋아 보이는 직업을 나름대로 현실적으로 골랐다.

늘 반복되던 뻔한 문답이 십대 후반쯤부터 달라지기 시작했다. 친구들 중에 '꿈이 뭐냐'는 말에 '사랑받는 사람이 되고 싶어요.'라고 대답하는 아이들이 하나둘씩 보이는 것이다. 아직 현모양처가 장래희망인 아이들이 적지 않은 시기였는데도 나는 그 말이 참 이상하다고 느꼈다.

그때 느꼈던 위화감의 정체는 시간이 지나면서 서서히 알게 되었다.

사랑받고 싶다는 욕구는 삶의 질이라는 면에서 볼 때 참 해로운 것이다. 사랑받는다는 것은 내 노력과 의지로 되는 것이 아니기 때문이다. 이런 저런 매체를 통해 얼굴과 목소리를 공개하고 사는 나는 별다른 이유 없이 나를 좋아하는 이들도, 싫어하는 이들도 보게 된다. 그들을 개인 대 개인으로 다르게 대하지 않는데도 누군가는 내가 이런 마음을 받을 자격이 있나 싶을 정도로 큰 호의를 보내고 누군가는 이해할 수 없는 악의를 쏟아내기도 한다. 내 힘으로 어쩔 수 없는 갖가지 감정들은 나의 것이 아니라 그들의 것이다.

원래 사랑이라는 감정은 그 주인조차 온전히 다루지 못하는 것이다. 누군가를 사랑하고 싶다고 사랑이 되는 것이라면 아마 세상 살기가 좀 더 만만했을지도 모르겠다. 나도 어쩌지 못하는 사랑을, 심지어 타인에게서 받는 것에 초점이 맞추어져 있으면 필연적으로 결핍 투성이의 삶을 살게 된다. 이성과의 사랑도, 가족이나 친구 사이에서 느끼는 애정도 모두 마찬가지다.

내 나름대로 삶의 길을 가다가 거기서 만나는 사람들과 호의를 주고받다 우연히 감정의 주파수가 맞으면 서로 호감을 느끼는 관계가 된다. 그마저도 양쪽이 같은 정도의 양과 지속성을 가지는 경우는 거의 없다. 이런 감정의 불균형으로 가득한 세상에서 언제나 내가 더 사랑을 받는 존재일 거라고 기대하는 건 불합리한 일이다.

왜 내가 주는 것만큼 사랑을 받지 못할까.

왜 내가 사랑하는 사람이 나를 사랑하지 않을까.

이런 질문은 할수록 자기모순에 빠질 수밖에 없다.
사랑을 받고 싶어한다는 것은 처음부터 반대편에서만 열 수 있게 되어 있는 문 앞에서 왜 문이 열리지 않을까 고민하는 것과 같다. 원하는 사랑을 얻지 못하는 건 인생이 주는 얼마간의 슬픔일 수 있지만 그뿐이다. 그것을 있는 그대로 받아들이고 자신의 삶에 눈길을 돌릴 수 있어야 한다.

우리는 원하는 사랑을 억지로 얻을 수는 없다는 걸 빨리 깨달아야 하지만 존중받고 살겠다는 생각은 늘 붙들고 있어야 한다. 누군가를 사랑하고 좋아하는 것은 임의적인 마음의 문제이지만 존중은 태도의 문제다. 태도는 생각과 노력으로 세공이 가능하다. 그래서 자신을 소중히 다루겠다는 의지를 다듬고, 보다 나은 인격체로서 말하고 행동하는 사람, 자신을 존중해 주지 않는 타인을 외롭다는 이유로 곁에 두지 않을 수 있을 만큼 단단한 사람은, 사랑받으려고 애쓰는 사람보다 더 나은 삶을 산다.

간혹 사랑받기 위해서 존중받기를 포기하는 이들을 보곤 한다. 그리고 그 결말이 어떤지도 보아 왔다. 우리는 종종 존중을 희생양으로 삼는 사랑이 지속 가능하지 않다는 것을 잊곤 한다.

심리학에서 거론되는 사랑이라는 것에는 일정한 법칙이 있다. 인간은 자기 자신을 사랑하는 수준 이상으로 타인을 사랑할 수 없다는 것이다. 따라서 나와 타인의 존중을 받아 자존감이 높아져야 내가 아끼는 이들과도 높은 수준의 사랑을 주고받을 수 있다. 사랑받고 싶다는 마음을 자연스럽게 잊게 되는 건 자존감이 올라가고 있다는 증거이기도 하고 원인이 되기도 한다.

사랑받는 일에 초점이 맞추어진 사람은 자기 나름의 기대 수준을 갖게 된다. 사랑받고 있다는 물리적인 표식은 언제나 상향되어 새로 찍히기 마련이지만 반대로 사랑의 감정은 시간이 지날수록 낡아간다. 어느 시점부터 사랑은 존중으로 대체되고 혼용된다. 그걸 받아들이지 못하고 절정기 수준의 사랑에 집착하면 어떤 종류의 사랑도 지킬 수 없는 사람이 된다.

결과적으로 존중받는 사람으로서 사는 사람이 사랑받기 위해 사는 사람보다 더 사랑을 받는 삶의 아이러니가 드러난다.

그렇다면 십대 시절부터 사랑받고 사는 게 꿈이라는 말에 형용 모순을 느꼈던 나는 어떤 삶을 살아왔을까? '내가 너한테 어떻게 했는데 나한테 이럴 수가 있어'라는 말을 한 번도 해 본 적이 없는 것만으로도 나쁘지 않다고 생각한다. 존중이 없는 사랑을 조금도 견디지 못하는 유난스러움이 가장 위태롭고 무지한 시기에도 나 자신을 지켜 주었다. 커리어가 미미하던 시기에 겪은 박대를 힘들이지 않고 견딜 수 있게 해 준 것도 그런 마음이었다. 형식적인 존중만으로도 쉽게 만족하고 경력에 걸맞은 대우를 받아들였다.

이제는 사랑과 존중에 대한 방정식을 이렇게 정리해 본다.

성실하게 내 일인분의 삶을 살 것.
마음이 갈 때는
대가를 바라지 않는 사랑을 할 것.
자신과 타인을 마음을 다해 존중할 것.
그래서 누군가의 사랑을 받아도
아깝지 않을 사람이 될 것.

그러면 살아가기에 충분한 사랑은 원하지 않아도 저절로 따라 온다.

**내가 존중받을 만한 태도로 살고 있나 알기 위해
스스로에게 해 볼 질문들**

☐ 누가 의견이나 취향을 물어올 때
　항상 '무엇이든 다 좋다'라고 말하고 있지 않나요?

☐ 남과 약속을 할 때 지각을 자주 하지는 않나요?

☐ 명확하지 않게 의사소통을 하는 습관이
　있지는 않나요?

☐ 거절을 아예 못하는 삶을 살고 있지는 않나요?

☐ 큰 결정을 할 때 나보다는 타인의 의견만 신경 쓰고
　있지는 않은가요?

☐ 타인에게 인색하지 않은가요?

정리하고 선택하는 힘

주저앉아
 차근차근 풀면
엉킨 실타래는 풀린다.

　제주 여행을 할 때였다. 길을 걷다 문득 치마 뒤쪽에 누렇게 마른 잔잎이 잔뜩 붙어 있는 걸 발견했다. 숲 산책을 할 때 어딘가에서 묻었나보다 하고 치맛단을 탈탈 털었지만 하나도 털리지 않아 당황했다. 이게 뭔가 싶어 자세히 보니 나뭇잎이 아니라 종류를 알 길 없는 가시였다. 그냥 묻은 게 아니라 섬유 사이사이에 박혀 있어 털리지 않았던 것이다. 이걸 어째야 하나 싶어 물티슈로 박박 문질러 보았지만 소용 없었다.

옷을 새로 사고 이건 버려야 하나?

아마 동선 안에 옷을 살 만한 곳이 있었으면 정말 그랬을 것이다. 하지만 그때의 나는 시내에서 한참 떨어진 곳을 지나고 있었다. 셀 수도 없을 만큼 많으면서도 악착같이 천 속에 갈고리를 박고 있는 그것들이 징그럽고 막막했다.

그러다 별 수 없다고 생각하고 눈에 띄는 아무 벤치에 퍼져 앉았다. 그리고는 손가락으로 가시를 하나씩 떼어내기 시작했다. 몇 시간이 걸리더라도 해 보는 데까지 해 보자 하고 시작한 일이었는데 일행과 이런 저런 이야기를 하며 손을 놀리다 보니 어느새 치마가 깨끗해져 있었다. 시간은 십 분 좀 넘게 걸렸다. 그걸 한꺼번에 떨구겠다고 발을 동동 구르고, 탈탈 털고, 물티슈로 문지르는 데 쓴 시간이 그보다 길었다.

그때 예상보다 빨리 말끔해진 옷을 내려다보며 멍하니 중얼거렸던 기억이 난다.

그래 원래 이런 거였지. 하나씩 하나씩 하면 다 되는 거였어.

정리하고 선택하는 힘

생각해 보면 살면서 뭔가가 뒤엉켰을 때 늘 이랬었다. 도무지 가망이 없어 보이는 혼돈의 상태에 기가 질려 이리 뛰고 저리 뛸수록 일은 더 악화되었다.

효율에 집착하는 것으로 유명한 이 사회의 일원답게 막힌 것은 한 방에, 뻥 뚫어야만 한다는 생각을 먼저 하게 되는 걸 어쩔 수 없었다. 그럴 때마다 어떻게 이걸 해결할 수 있을까 머리를 쥐어짜며 끙끙 앓곤 했다.

엉킨 실타래를 들고 울며 이리저리 뛰어다니던 나날을 지나 어느 순간부터 알게 되었다. 효율을 포기하고 그냥 길가에 퍼져 앉아 한 가닥씩 무식하게 풀어야겠다 작정할 때 실타래가 풀릴 때가 더 많다는 것을.

한꺼번에 뭉쳐 있는 문제는 언제나 실제보다 복잡하고 거대해 보인다. 그래서 저걸 한 번에 해결할 만한 묘안을 찾아내지 못하면 영원히 해결되지 않을 것만 같은 기분이 든다. 그래서 그 일을 해결하는 데 온전히 집중력과 시간을 쓰기보다, 방법을 찾는다는 핑계를 대며 실제로는 아무것도 안 하게 되는 것이다.

살면서 달리 해결 방법이 보이지 않는 일을 만난다면 미친 원숭이처럼 사방으로 뛰어다니는 걸 멈추고 우선 그 자리에 주저앉아 하나씩 차례로 할 수 있는 일을 하면 된다. 그러면 내 치마에 빼곡히 박혀 있던 가시처럼 생각보다 빨리 일이 해결될 수도 있고, 문제 상황을 조금씩 해결해 나가는 행위를 통해 다른 해결의 실마리를 찾아낼 수도 있다.

한국 비즈니스 드라마에서처럼 길이 보이지 않는 상황에서 기지를 발휘해 재빨리 문제를 해결해야 할 것 같은 강박은 이 효율의 사회가 극적인 성장을 하는 데에는 도움이 되었다. 그러나 그 안에서 개인으로 살아가는 우리는 머리를 쓰는 대신 무식하고 비효율적으로 하나씩 타래를 풀어나갈 수도 있어야 고장나지 않는다.
그렇게 살 줄 아는 이들은 느려 보여도 느리지 않다. 효율에 지쳐 잠든 토끼를 지나쳐 먼저 종착점에 도착하는 거북이처럼.

평소 너무 거대해 보여 미루었던 일이 있는지
생각해 보세요.
엄두가 나지 않아 미루고 방치해 둔 일이 있을 거예요.
이 글을 읽고 마음이 동하신다면
그 마음을 놓치지 말고 주말 등에 충분히 시간을 내서
'무식하게' 시작해 보세요.
자신에게 시간이 많다고 생각하는 사람에게는
두려움이 없어요.
좋아하는 음악이나 영상물을 틀어 놓고
'나는 지금 아주 작정했다'는 신호를
스스로에게 주는 것도 좋습니다.
그렇게 하나씩 하나씩
문제의 벽이 헐려 나가고
말끔해지는 감각을 경험해 보세요。

part. 4

나	를		
	지	키	며
앞	으	로	
나	아	가	기

상처를 가진 채로
　　　　괜찮은 삶을
살 수 있다는 사실을 믿기.

　커리어의 전성기랄 수 있었을 시기를 보낼 무렵이었다. 첫 비소설이 베스트셀러가 되어 해외 행사에 초청받고 집필 여행을 지원받아 유럽으로 떠날 기회도 생겼지만 몸이 발목을 잡았다. 꿈을 이루었다고 말해도 무리가 없을 내 인생 장면들 뒤에는 항상 어떤 종류의 통증이 있었다.

　잠을 잘 자지 못했고 깨어 있는 대부분의 시간을 미열과 몸살기, 두통에 절여진 상태에서 일상을 살았다.

평소보다 약간 무리를 하면 거기에 다양한 고장이 추가되었다.

열심히 사는 사람인 나는 자신을 고치기 위해 노력했다. 연관성이 있는 대부분의 병원에서 검사와 상담을 받았고 전국의 명의들을 찾아갔다. 대체의학, 운동, 명상, 식이요법 등 시도해 보지 않은 게 없었다.

그러나 나는 의학적으로는 아픈 사람이 아니었다. 명의로 유명한 어떤 의사는 내가 창작 활동의 동기를 만들기 위해서 스스로를 아프게 하는 게 아니냐고 되묻기도 했다. 누군가는 무당이 되려는 사람들이 앓는다는 신병을 의심하기도 했다. 정신건강의학과에서도 원인을 찾을 수 없는 건 마찬가지였다.

사람이 체감하는 삶의 질이란 육체의 고통이 없는 상태를 전제한다. 비교적 젊은 나이에 얻은 성공, 내 손으로 이룬 부족함 없는 가정 같은 조건들이 주는 기쁨은 내 대뇌피질에서 이론적으로만 조합되는 것이었다. 나는 나를 둘러싼 모든 것, 심지어 나쁜 건강에 대해서

마저도 감사했지만 신경학적으로 행복하지는 않았다.

그러다가 불면이 누적되던 어느 밤에 찾아온 공황 발작 이후로 많은 것이 달라졌다. 공황장애로 차원이 다른 고통을 겪으면서 나는 이전에는 들고 있다는 것조차 알지 못했던 무언가를 내려놓게 되었다.

그것은 건강한 사람이 되고 싶다는 욕심이었다.

태어날 때부터 몸이 부실해서 쭉 허약하게 살았으면서도 나는 노력하면 건강해질 수 있다는 세상의 격려에 언제나 적극적으로 반응했다. 이 이해할 수 없는 병증의 정체를 밝히고 뿌리 뽑아 남들만큼 일해도 탈이 나지 않는 건강체로 거듭나고 싶었다. 어릴 때 병약해서 시작한 운동으로 올림픽 메달까지 거머쥐게 되었다는 흔한 서사에 비하면 내가 바라는 것쯤은 아무것도 아닌 것 같았다.

그때의 나는 상처나 결점을 품고 있는 인생과 행복이 병존할 수 없다고 여기고 있었다. 그래서 몽골 들판에서 본 야생마처럼 자유롭게 달리는 장면을 연상하면서, 말끔하게 치료된 몸을 갖게 된 이후에만 진짜 삶이 있다고 짐작했다.

그러나 공황장애라는 비명시적 상태를 통과하면서 나는 건강해지기를 포기했다. 원인과 증상, 결과가 모두 모호하지만 고통은 있는 어떤 존재로 연명하려면 하루하루 아프지 않은 것에 집중해야 했다.

그래서 나는 그냥 아픈 몸으로 근근이 일을 하는 사람으로 살기로 했다. 글을 쓰다 인후가 부풀어 오르는 게 느껴지면 즉시 일을 멈추고는 타이레놀 한 알을 삼킨 후 누웠다. 외출에서 돌아온 후 또 몸살기가 느껴지면 곧 욕조에 뜨거운 물을 받아 몸을 데웠다. 아프지 않을 때만 일을 했다. 공황장애에 조합해서 쓰는 항불안제와 항우울제가 불면증에 도움이 되어 잠도 잘 잤다.

그렇게 건강해지기를 포기한 후부터 아픈 상태로 지내는 시간이 점차 줄기 시작했다. 그리고 지금은 대체로 고통이 없는 상태로 살고 있다. 공황장애 증상에서도 벗어났다. 이전이었다면 무시하고 지나쳤을 몸의 신호를 재빨리 눈치채고 간신처럼 한껏 비굴하게 몸의 비위를 맞춰 준다. 한 번 사이클이 시작되면 몇 달씩 지속되던 몸살은 수년째 잘 방어되고 있다.

여전히 원인도 병명도 없는 병과 함께 살고 있지만 비로소 나는 행복하다.

내 병은 어떤 신경회로의 만성적 고장일 것이다. 증세가 시작된 시점이 인생 최저점을 통과하며 극심한 마음의 고통을 받았을 때이기에 그렇게 짐작한다. 장기를 깎아 내려가는 시커먼 압력은 내 안에서 뭔가를 망가뜨렸고 그 변화는 비가역적인 것이었다. 나는 나쁜 기억이 자꾸 건드리는 상처를 치료해 없애야 내가 괜찮아질 것 같아 노력했지만 그럴 수 없었다.

지금 와서 생각해 보면 그 치유의 과정은 몸의 통증과 고스란히 궤를 같이 한다. 상처를 치유의 대상으로 보고 없애려 애를 쓸수록 점점 더 나빠지기만 했다.

사실 대부분의 사람들이 저마다의 상처를 품고 살아간다. 그리고 많은 이들이 이전의 나처럼 그것을 해결해야 할 숙제로 여긴다. 이미 자신의 일부가 되어 버린 상처를 다시 수술이라도 해서 없애버리고 싶지만 어떻게든 해 보겠다고 칼을 댈수록 고통은 깊어질 뿐이다.

 큰 상처에 잡아먹히지 않고 잘 살아낸 사람들에게 '어떻게 극복하셨나요?'라는 질문은 그래서 당사자들에게 대체로 당혹감을 주는 것이다. 극복한 적이 없는데 그 방법을 물으니 어리둥절일 수밖에.

 사람의 내면은 알프스 설원 아래 숨어 있는 거대한 균열, 크레바스와 같다. 우리 마음의 크레바스는 메워지지 않는다. 하지만 그게 존재한다고 해서 행복해질 수 없는 것은 아니다. 고개를 박고 그 심연을 들여다보며 절망을 반복하지 않으면 크레바스는 내 행복과 상관없는 존재일 수 있다. 살면서 크레바스를 건너가야 할 일을 만난다면 나무 널빤지라도 구해와 다리를 놓으면 된다. 평소에는 알프스 소녀 하이디처럼 초원에서 염소를 돌보며 뛰놀면 된다.

 상처와 공존하겠다고 결심하고 그래도 행복할 수 있다는 것을 알게 될 때 찾아오는 내밀한 충족감은 더이상 세상의 폭풍에 휘둘리지 않을 만큼 견고하다. 얕은 욕구를 충족할 때마다 잠깐 찾아왔다 사라지는 쾌감에 매달리지 않게 된다.

"언제까지 과거 일을 끌어안고 살 거냐."
"어른이 되었으면 이제 그만 잊어."

이런 말들은 어릴 때 받은 상처, 나쁜 인연을 맺은 후유증으로 얻게 된 상처 때문에 불행이 현재진행 중인 이들에게 폭력적이다. 심장판막증 수술을 받아 가끔 가슴 뻐근한 통증을 앓는 사람에게 못 잊어서 아픈 거라고, 잊으라고 강요하는 것과 마찬가지다. 나는 젊은 나이에 마음의 충격으로 심장이나 신장 등의 장기에 손상을 입고 평생 장애를 안고 살아가는 사람들을 알고 있다.

다만 이렇게는 말할 수 있다.

상처 때문에 행복할 수 없다고 믿으며 심연만 들여다보고 살지는 말라고.

우리는 상처를 품고도 충분히 행복할 수 있게 설계된 존재라고.

본문을 읽으면서 떠오른 상처가 있다면
그것을 명료하지만 간단하게 써 보세요.
세부가 생략되어도 좋으니
단 한 줄, 한 문장으로 적습니다.
이것은 내 상처를 인정하지만
그것에 매몰되지 않기 위한 방법입니다.
그리고 바로 현재로 돌아와
지금 내가 있는 장소와 상황,
그것에 대한 느낌 등을 써 보세요.
이어서 현재의 자신을 기분좋게 하기 위해
할 수 있는 일을 생각해 적어 보세요.
이 항목은 많을수록 좋습니다.
사소한 것까지 찾아보세요.
사람이 실은 별 것 아닌 사소한 일에
행복할 수 있다는 사실을 믿고
자신을 행복하게 할 만한 일들을 찾아보세요.

'`그` `냥`'
 한다는 것의 힘을
믿어보기。

'일도 즐겁게 하면 하나도 피곤하지 않다.'

'좋아하는 일을 열정적으로 하면 두어 시간만 자고 일어나도 멀쩡하다.'

어릴 때 내가 읽었던 성공 수기에는 이런 식의 말이 많았다.

그들의 말처럼 '즐겁게' 자신을 불태우던 이들의 태반이 십수 년 후 중병을 얻어 요양하거나 병에서 회복해 적당히만 일을 하는 걸 보게 된다. 그때는 왜 그런 말이 이상하다는 걸 몰랐을까? 마냥 즐겁기만 한 온라인 게임을 해도 손목터널증후군에 걸려 고생을 하는 터에 잠을 줄여 일을 하는 몸이 멀쩡할 리 없는데 말이다.

우리는 윤택한 삶을 위한 적절한 성공에 대한 욕구와 '그렇게까지는 하고 싶지 않은' 마음 사이에서 갈등할 때가 많다. 노력하지 않고도 성공하고 싶은 양가감정이 따라오기도 한다.

후손들까지 먹여 살릴 수 있을 정도로 큰 성공을 하는 사람들은 사실 앞서 말한 성공신화의 간증처럼 일에 홀려서 사는 시기를 대부분 거치기는 한다. 일을 하다 보면 상승 기미가 보이는 시기가 있는데 그럴 때 가속 페달을 밟아야만 다음 단계로 올라갈 수 있기 때문이다. 하지만 그런 삶을 지속할 수 있는 시기는 매우 짧기에 몇 년 안에는 일을 궤도에 올려 놓아야 한다. 그 '몇 년'조차 타고난 체력과 스트레스 내성이 좋은 사람들만이 버틸 수 있다.

열정만 있으면 누구나 성공할 수 있다는 건 재능, 체력, 정서적 적합성을 타고난 데다 운까지 좋은 이들에게 해당되는 1%만의 진실이다.

그러나 성공에 대한 정의를 달리하면 이야기가 달라진다. 이를테면 나는 자신의 일이나 살아온 궤적에 자부심을 갖고 있고 진심으로 하기 싫은 일은 하지 않을 수 있으며 존엄성을 잃지 않을 만큼의 경제적 능력을 가진 상태를 성공이라고 정의한다. 이 정도의 성공은 행동이 필요한 일들을 '그냥' 할 수 있는 태도만 갖추면 정말 '누구나'에게 열려 있다.

나는 내 체력이 하위 20% 이하일 거라고 확신한다. 최소한 병중이 아니면서 나보다 내구력이 떨어지는 사람을 직접 목격한 적은 없다. 대학 시절 교내에서 쓰러진 이후 과에서 한동안 이름 대신 '그 몸 약한 애'로 불렸다는 걸 나도 알고 있다.

현업에서 의욕을 못 따라가는 육체에 여러 번 발목 잡혀 본 경험은 점차 나를 성실한 성격으로 만들어 주었다. 남들이 한 달 동안 바짝 할 일을 매일 한두 시간씩 일 년에 거쳐 하는 식이었다. 여러 가지 일을 하지만 성공 신화 주인공들처럼 분초를 쪼개 일정을 짜지 않았다. 나에게 중요한 건 시간 안배가 아니라 체력의 안배였다.

이런 식으로 일을 하는 사람들은 필연적으로 결과에 연연하지 않는 태도를 갖게 된다. 남들이 몇 달만에 승부를 볼 일을 몇 년씩 하는 사람이 매번 결과치를 기대하면 그 과정을 견딜 수 없기 때문이다. 자기 전 다음 날 할 일을 적어둔 것을 확인하고 다음날 그 시간이 되면 '그냥' 한다. 끼니 때가 되면 밥을 찾아 먹듯 잘 때가 되면 자듯 정해둔 일을 한다.

물론 모든 일에 이런 식으로 시간을 쓰는 것은 아니다. 오래 지켜보고 생각하다 어느 날 해야겠다는 결심이 서면 시작한다. 시작했다가 판단을 잘못했다 싶으면 빠르게 그만두곤 하지만 이제는 그럴 일에는 처음부터 마음이 가지 않게 되는 것 같다.

본의 아니게 시작된 습관은 집에서 잘 나가지도 않는 나를 아주 먼 곳까지 데려다 주었다. 조금씩 규칙적으로 하는 일들은 나도 모르게 쌓여 기대하지 않았던 결과를 내곤 했다. 내 책에 삽화를 그리고 싶어 기초부터 그림을 배우기 시작해 3년 만에 그림 작가가 된 것, 책만으로 독자를 만나는 건 어려운 시대가 되었다고 생각해 서툴게 시작한 개인 채널이 3년 만에 반응을 보이기 시작해 22만 구독자 채널로 성장한 것 등이 비교적 최근의 일이다.

기력이라곤 없는 사람으로서 '그냥' 뭔가를 하며 긴 시간을 지내다 보니 요즘 드는 생각은 알고 보면 욕심 없는 사람이 가장 강한 게 아닐까 하는 것이다. 눈 뜨면 양치하는 루틴처럼 '그냥 업로드하는 날이니까' 영상을 만드는 나 같은 사람은 백만 유튜버가 되겠다는 목표에 부대끼는 사람보다 오래 버틸 수 있다.

오래 버틸 수 있다는 것은 확률이나 행운 같은 것들이 내 편이 될 때까지 준비된 상태로 있을 수 있다는 뜻이다. 이건 사람들이 말하는 성공이 통상 찾아오는 방식과 비슷하다. 행동을 개시할 때마다 하지 않을 이유를 찾는 자신과 싸우며 동기부여를 해야 하는 사람들이 도달할 수 없는 지점이 있다.

무언가를 '그냥' 한다는 것은 원하는 상태에 도달하기 위한 방법론적 접근일 수도 있지만 삶 자체를 버티게 해 주는 일상의 리추얼이 되기도 한다.

나는 5년 넘게 매주 금요일 밤 영상을 하나씩 만들어 올리고 있는데, 정해진 날 업로드를 쉰 건 단 두 번뿐이었다. 열네 살에 유학을 가 겨울에는 만날 수 없었던 딸이 대학에 합격해 처음으로 함께 보내게 된 크리스마스가 업로드 날과 겹친다는 걸 뒤늦게 알게 되었을 때, 그리고 아버지가 돌아가셨을 때.

이 성실함의 동기는 뭔가에 도달하겠다는 독기 같은 것이 아니다. 누군가가 이유를 물어본다면 '그냥 그렇게 하기로 했으니까'라고 대답할 수밖에 없다.

삶의 문제가 덮쳐올 때 그것에 매몰되지 않을 수 있게 해 주는 건 평소와 다름없이 반복되는 일상이었다. 해도 하지 않아도 똑같이 반복되고 시간이 흐른다면 내가 조금이라도 나은 사람이 될 수 있는 일을 정해두고 계속 하는 게 낫다.

정해둔 시간에 글을 쓰고, 그림을 그리고, 운동을 하고, 강의를 하고, 영상을 만드는 일은 부정 편향적이기 마련인 인간이 쓸모없는 곳에 마음을 쓰지 않게 해준다.

긴 시간 '그냥' 하면서 살다 보니, 저만큼 앞서 있던 사람들이 다 사라지고 나만 남는 경험을 주기적으로 하게 된다. 그때마다 남아 있는 것만으로도 업적이 생긴다는 걸 확인하고 놀라곤 한다. 그 어떤 것도 확신할 수 없는 세상에서 '그냥'이 나를 배신한 적은 한 번도 없었다.

갓 어른이 된 이들이라면 '그냥 시작하기'를 하며 탐색을 하면 되고, 웬만큼 자신을 알게 된 어른이라면 자신에게 유익한 일에 대해 '그냥 계속하기'를 하면 된다.

우리가 선택할 것은 '그냥' 하는 일의 크기 정도다. 작은 것을 선택하면 자신의 그릇을 살짝 넘치게 할 만큼 얻을 것이고 큰 것을 계속하면 자기 야망과 에너지에 닿을 수 있을 것이다.

나는 오늘도 내 작은 그릇의 크기만큼 '그냥' 이렇게 글을 쓰고 있다.

하고 싶거나 해야 하지만
망설이고 있는 일이 있는지 가만히 생각해 봅니다.
그런 일이 있다면 '그냥' 해 보세요.
여기서 '해 본다'는 일이
시간, 돈, 에너지를 투입하는 것만을 의미하지 않습니다.
그 일에 대해 충분히 알아보는 것도
'그냥 해 보는 것'에 포함됩니다.
검색해 보거나 아는 사람들에게
경험담을 들어보는 것도 좋습니다.
정보는 수동적으로 귀에 들려오는 것과
적극적으로 알아보는 것과의 질적 차이가 큽니다.
알아보고 괜찮겠다는 생각이 들었다면
그 순간을 놓치지 말고 바로 시작해 보세요.
이후부터는 뚜렷한 장애 요인이 나타나기 전까지
모든 생각을 내려놓고 '그냥' 하면 됩니다.
시작에는 동기와 의미가 있었어도
일단 시작한 일에 대해서는 의미를 찾지 않습니다.
어차피 어떤 시도건 초기에는 좋은 반응을 체감하기
어렵기 때문에 좋은 것이든 나쁜 것이든
의미를 찾으려 들지 않는 게 좋습니다.
그 일을 루틴에 넣고
폰으로 알람이 울리게 하는 것도 방법입니다.

> 화가 날 때는
> 중요한 결정을
> 하지 말 것.

좀처럼 화를 내지 않는 편이다. 타인에게 화를 분출하는 것만이 아니라 잘 품지도 않는다. 웬만하면 저쪽 입장은 이런 것이려니 이해해 보려고 한다. 이건 내가 너그러운 성품이어서가 아니다. 화를 내면 속을 다치는 건 내 쪽이라 감정의 방향을 바꿔 스스로를 보호하는 것이다.

그런 내가 얼마 전 오랜만에 격렬한 화에 사로잡힌

적이 있었다. 일에 쫓기느라 시간이 없어서 그 화를 제대로 다루지 못한 채 평소 스케줄대로 영상을 편집해서 올려야 했다. 그때 단계마다 일을 해놓은 걸 확인하면서 몇 번이나 깜짝 놀랐다. 수백 번 같은 과정을 반복해 이제 눈 감고도 할 수 있는 일인데 어이없는 실수를 너무 많이 해놓은 것이었다. 아플 때, 짜증날 때, 졸릴 때도 하지 않던 치명적인 실수가 너무 많아 여러 번 확인해야 했고 평소보다 시간이 배나 걸렸다.

새벽에 겨우 일을 마쳐 놓고 혼자 이렇게 중얼거렸다.

사람이 화가 나면 지능이 떨어진다는 말이 맞구나.

'편도체 하이재킹'이라는 뇌과학 용어가 있다. 분노 같은 극단적인 감정에 사로잡힐 때 편도체가 폭발하면서 전두엽 작동력이 떨어지는 걸 말한다. 감정의 뇌 편도체가 이성의 뇌를 공중납치해 꼼짝달싹 못하게 한다는 말의 뜻처럼, 이 상태에서 사람은 복잡하거나 이성적인 사고 활동을 제대로 하지 못하게 된다. 전에 어떤 책에서 화를 내는 사람의 지능은 침팬지와 비슷한 수준이 된다는 글을 읽은 적이 있는데 그때의 내가 바로 그 침팬지였다.

소리를 눈으로 보게 하는 영상편집 프로그램의 파형만큼이나 선명하게 수량화된 나의 어리석음을 확인한 날이었다.

화를 다루는 방법은 사람마다 다르다. 어떤 사람은 나처럼 화를 내는 순간부터 자기 감정과 반추에 사로잡히기 때문에 내적 설득과 조율로 조용히 가라앉혀야 한다. 어떤 사람은 화가 났을 때 자신의 감정을 상대에게 표현해야만 해소감을 느끼기도 한다. 성숙할수록 이 두 유형의 적절한 통합이 이루어진다. 화를 내지 못하는 쪽은 작게라도 배출구를 내서 감정의 적체가 일어나지 않게 조절하고, 화를 내는 게 편한 사람은 그 구멍의 크기를 좁혀 덜 내보내게 된다.

그러나 아무리 성향과 방법이 달라도 잊지 말아야 할 것이 있다. 화가 난 상태에서 중요한 결정을 해서는 안 된다는 것이다. 화를 부른 상황이 나중에 결정의 전

환점이 되어 줄 수는 있지만, 화가 나 있는 시점에 돌이킬 수 없는 버튼을 누르면 안 된다. 이를테면 사표를 내거나, 이혼 서류를 내밀거나, 누군가에게 상처 주는 말과 행동을 하거나 하는 일들 말이다.

화를 잘 내지 않기에 오히려 아주 가끔 이 감정에 사로잡힐 때면 극단적으로 폭발했던 기억이 남아 있다. 상대에게 딱히 치명상을 입히지도 못하면서 혼자 마음을 다쳐 몇 달간 끙끙 앓곤 했다.

요즘의 나는 화가 나면 서둘러 그 상황과 장소에서 벗어난다. 잠시라도 그 일을 잊을 수 있는 활동을 해서 감정의 연결고리를 끊은 후 다시 생각해 본다. 나 하나 감정을 가라앉히면 그만일 일인지 상대에게 구체적인 반응을 보여서 변화를 이끌어내야 할 일인지.

화를 먼저 내면 사건의 초점이 상대의 잘못에서 화를 낸 행위로 이동하게 된다. '누가 더 나쁘냐'로 논점이 흐려질수록 잘못을 바로잡을 기회는 멀어진다.

작은 화는 오늘의 내 일상에 몰입하면서 희석시키기.
큰 화는 한 번의 냉각기를 거치면서 유예 기간을 두고 원인을 해결하기.

화가 내 안의 윤기를 태워 삶을 온통 버석거리게 만들기 전에 이 원칙을 기억해 내기로 한다.

화를 표현하기 전에 거치는 유예기에는
무엇을 해야 할까요?
감정이 태도가 되어 돌이킬 수 없는
말이나 행동을 해버리기 전에
그 감정이 일어난 장소에서 잠시라도 벗어납니다.
그것만으로도 어느 정도 진정이 됩니다.
자극 요인에서 멀어지는 것만으로도
편도체 하이재킹은 끝나니까요.
**내 속의 현명한 자아가 돌아왔을 때는
믿을 만한 사람에게 말을 하거나 글을 쓰면서
이후의 태도를 결정하면 좋습니다.**
외향성이 강한 사람이라면
말을 하면서 정리하는 쪽이 편할 수 있지만
상대의 반응에 예민한 성격이라면
글로 적으면서 정리하는 것을 권하고 싶습니다.
타인에게 말로 감정 표현을 해야 해소감을 느끼는 성격인
사람들은 그 말을 들어주는 사람의 말이나 태도에
크게 신경 쓰지 않습니다.
자기표현 자체에 의미가 있으니까요.
하지만 상대방의 말이나 반응에 예민한 성격이라면
가뜩이나 마음속 회로가 달구어져 있는 시기에
상처까지 보탤 수 있습니다.

나를 지키며 앞으로 나아가기

나쁜 기분에서 나를 구해내는 법.

 늘 관광객들로 붐비는 치앙마이의 간식집에서 요기를 하고 있을 때였다. 혼자인 나는 어느 한국인 일행에게 합석을 허락했다가 자세히 쓰기도 싫은 일방적인 무례를 겪었다.
 그 자리를 벗어나 예쁜 거리를 좀 걷다가 다시 카페를 찾아 들어가 일을 하는데 어느 순간 내가 계속 나쁜 감정에서 벗어나지 못하고 있다는 걸 깨달았다.

반추.

나는 소가 이미 먹고 소화시킨 음식을 다시 토해내 씹듯, 흘려보내야 할 감정을 나도 모르게 자꾸 불러내 곱씹고 있었던 것이다. 소의 반추는 양분을 만들어내는 신성한 과정이지만 인간의 심리적 반추는 독이다. 이것이 성찰과 다른 점은 교훈을 얻고 한 번에 끝나는 것이 아니라 영혼이 너덜거릴 때까지 끝도 없이 반복된다는 점이다.

이런 감정을 알아차릴 때마다 내가 외는 주문이 있다.

"지금. 여기."

내 귀에 들리도록 육성으로 말한다. 그러면 미친 유령처럼 지난 시간과 장소를 떠돌던 의식이 중력을 얻어 내 안으로 소환돼 가라앉는다. 그날도 그랬다. 내가 그 시간, 그 장소에 있다는 걸 나 자신에게 뚜렷하게 가르치니 비로소 눈앞의 멋진 풍경이 제대로 보이고 커피 원산지에서 마시는 라떼의 맛과 향이 느껴졌다.

현재라는 시간은 대개 중립적이다. 그 자체로는 좋

지만도 나쁘지만도 않아 마음의 주인인 내가 선택하는 대로 느끼게 된다. 괴로움은 대개 과거를 떠도는 생각이 일으키는 것이고, 불안은 미래에서 오기 때문에 매 순간 현재에 집중할 수 있는 사람은 행복한 상태로 더 긴 시간을 살 수 있다. 이게 사람들을 행복하게 만들어 준다는 명상, 마음챙김 같은 내면 단련법들의 본질이다.

나쁜 기분에서 벗어나고 싶다면 그것을 다시 떠올리며 벗어나야겠다고 다짐할 게 아니라 지금 여기에 존재하는 나를 즐겁게 해주는 일에 집중해야 한다. 뭘 어떻게 해야 할지 모르겠다면 우선 몸을 편하고 기분 좋게 해주는 것도 방법이다.

나는 이럴 때 기분 좋아지는 법 리스트를 만들어 놓았다. 거기에는 향기 좋은 입욕제 풀고 반신욕 하기, 미용실에서 헤드 스파 받기, 와인 마시면서 소설책 읽기 등 수십 개의 항목이 적혀 있다. 리스트를 보며 이번에는 뭘 골라 실천해 볼까 고민하고 수행하는 사이 나쁜 감정은 저만치 멀어지곤 한다.

하지만 이 모든 방법보다 훨씬 빠르고 완벽하게 나쁜 감정을 지워주는 건 '그 경험에 대한 재해석'이다. 이를테면 그 치앙마이 업장에서의 불쾌한 경험 후 한 시간 정도 지속된 감정은 내가 이 문장을 떠올린 순간 흔적도 없이 사라졌다.

'모든 상처는 업적이 된다.'

나쁜 감정은 대개 평소와 다른 경험이 원인이 된다. 세계와 나 사이의 익숙한 상호작용을 벗어난 반응이 기대보다 낮은 수준으로 일어날 때 부정적인 감정의 격동이 일어나는 것이다. 이건 사실 나 자신이나 타인을 배울 수 있는 중요한 기회가 된다.

그 일로 내가 새로운 종류로 무례한 사람을 초반에 알아보고 경계하거나 비슷한 상황 앞에 놓일 때 어떻게 대처해야 하는지 아는 사람이 된 것처럼 말이다.

의연한 어른이 된다는 것은 감정이 까끌해지는 시점에 그러모은 데이터를 내면에 구조화해 쌓아둔다는 것과 같은 뜻이다. 그런 크고 작은 상처를 통과해 얻은 데이터는 책이나 구전으로 얻는 것들과는 질과 양의 차원이 다르다. 의식과 무의식에 정보의 폭탄을 터뜨리는 것과 다름없다. 더군다나 사람을 연구하는 것이 업인 내게 이런 일은 말 그대로의 데이터가 된다. 지금 쓰고 있는 이 글이 이미 그 데이터를 바탕으로 쓰이고 있지 않은가.

내 속의 불편한 감정이 데이터이고 곧 업적의 일부가 될 거라고 생각을 바꾸니 기분이 나아지는 정도가 아니라 심지어 기쁘기까지 했다.

생각해 보면 지난 시간 속에서 크고 작은 업적을 이루며 단계를 밟아 올라가는 계기가 된 것은 상처였다. 단 한 번의 예외도 없다. 아무리 대단한 암벽타기 달인이라고 해도 매끈한 절벽을 타고 올라갈 수는 없다. 등반가가 돌기와 패임을 딛고서야 위로 향하듯 사람이 상처 없이 성장할 수는 없다.

어떤 불쾌감이 쉽게 지나가지 않고 질기게 머문다면 자아 밖에서 안을 관통해 들여다보며 나름의 해석을 해 보기를 권한다. 그것이 나쁜 감정을 일시 소거할 수 있는 가장 강력한 방법이며, 우리는 비슷한 것을 학창 시절 '승화'라는 용어로 이미 배웠다.

나쁜 기분을 가라앉힐 수 있는
'나만의 리스트'를 작성해 보세요.
한 자리에서 한꺼번에 쓰겠다고 작정하지 말고
일상에서 발견될 때마다
항목 하나씩을 추가해 보세요.
어차피 혼자 보는 것이니
얼마든지 사소하고 유치해도 괜찮습니다.
다만 마음만 먹으면
바로 실천할 수 있는 일들로만
리스트를 구성하세요。

행복을 위해서는
'적당한 고통'이
필요하다는 걸 기억하기.

   사람들의 고민 사연을 함께 읽고 해결 방법을 나누는 형식으로 콘텐츠를 만들다 보니, 때로 사연을 올린 이가 사소한 문제로 고민한다는 편잔을 접할 때도 있다. 그러나 그렇게 말하는 이들이 불행의 본질에 대해 오해하고 있는 것이 있다. 대개의 사람들은 거대한 인생 문제 앞에서는 그리 고민을 하지 않는다. 문제가 클수록 사람이 선택할 수 있는 여지가 줄어들기 때문이다. 그리고 긴 시간을 거쳐 보면 큰 문제가 사람을 불행

나를 지키며 앞으로 나아가기

하게 만드는 경우도 드물다.

사람을 정말 불행하게 만드는 것은 은은한 무력감이다.

외로움이나 공허감 같은 감정은 자기 인생 안에서 상대적으로 편한 시기에 찾아온다.

위기감을 느끼며 안간힘을 쓸 때 우리 뇌에서는 천연 진통제와 항우울제가 분비된다. 이런 시기에는 생존에만 집중하기 위해 감정에 보다 둔감해지기도 한다. 그러다 안정적인 상태에 들어서면 생존을 지원하며 감정을 보호해 주던 호르몬은 줄어들고 쾌락 호르몬이 감정의 조절에 관여하게 된다. 비로소 내가 내 감정의 주인이 될 때 쉽게 우울감에 사로잡히곤 하는 이유다.

많은 이들이 편한 상태면 저절로 오는 것으로 알고 있는 행복은 사실 우리 안의 보상 시스템이다. 우리가 생존에 유리한 행동을 하거나 결과를 얻었을 때 행복감을 상으로 주는 것이다. 그리고 그런 행동들은 대개 어느 정도는 고통스럽다.

종이책 단행본 집필만을 하던 때의 나는 일 년에 한 권씩 두터운 책을 내며 두어 달 정도의 지옥 같은 마감을 견뎌냈다. 책을 한 권씩 낼 때마다 각기 다른 신체 일부가 하나씩 고장이 났다. 그런 단계를 마친 후 출판사에 원고를 전송하고 나면 후련함을 느끼곤 했다. 작가가 책 마케팅에 관여하지 않던 시대였으므로 계약해 놓은 다음 책의 구성 작업에 들어가기 전까지는 소원대로 침대에 누워 남의 책이나 읽으며 지낼 수 있었다. 그러나 그 행복감은 일주일도 채 지속되지 못했다. 탈고 당일 최고의 쾌감이 느껴지고 쉬느라 바쁜 이틀이 지나면 벌써 잡스러운 감정들이 하나둘 올라오기 시작했다. 그 감정들은 이해할 수 없는 우울감으로 이어지곤 했다.

무언가를 얻거나 성취하는 것의 보상으로서 얻는 것이 행복감이니 큰 성취는 오래 갈 것이라고 생각하기 쉽지만 그렇지 않다. 복권 당첨이나 사업 성공과 같은 큰 결과는 큰 쾌감을 줄 수 있지만 그게 지속되는 기간은 내가 탈고하고 느낀 쾌감과 다를 바 없다. 여기서 의

외인 점은 큰 쾌감은 보다 큰 낙차를 남긴다는 것이다.

 자극이 쾌감으로 전환되는 최소 수준을 쾌감의 역치라고 한다. 한 번 큰 쾌감을 느끼고 나면 역치가 높아져 웬만한 자극으로는 쾌감을 느낄 수 없게 된다. 내가 만나 본 수많은 성공한 사업가들 상당수가 우울증을 경험한 것도 같은 이유였다. 고통, 성취, 보상의 단계 수준이 높아져 이후 어떤 긍정 자극을 주입해도 쾌감으로 연결되지 못해 일어나는 일이었다. 그런 이들은 그 감정의 감옥에서 벗어나기 위해 두 가지 중 하나를 선택한다. 또 다른 도전을 반복하며 고통과 보상 수준을 유지 혹은 상향하거나, 쾌감 역치를 낮추거나.

 한 번 올라간 쾌감 역치를 낮추는 것은 시간과 노력이 필요한 일이다. 긴 시간 자극을 끊고 작은 일에도 행복을 느끼려는 연습을 해야 한다. 간혹 이 쾌감 역치가 단조로운 방식으로 낮추어지는 경우가 있는데 사람이 큰 병을 앓아 육체적 고통을 겪게 될 때다. 단지 고통이 없다는 것, 혹은 자력으로 다시 걷게 되었다는 것만으로도 쾌감을 느끼게 되기에 아주 낮은 수준의 쾌감 역치를 가진 보상체계로 리셋되는 것이다. 아프고 나서 더 행복해졌다고 말하는 이들의 소회는 건강을 잃어버린 이들의 정신승리가 아니라 과학을 뒷배로 하는 진심이다.

오랜 바람과는 달리 우리는 고통과 짧은 보상 외의 시간에는 우울감을 느끼는 게 기본값인 존재라고 해도 무리가 아니다. 우리가 우울의 이유라고 생각하는 것들은 고통이 없어 보상도 없는 시기의 필연적인 불행감을 설명하기 위해 스스로 찾아내는 허상일 수도 있다. 인생은 고통과 권태의 반복일 뿐이라고 말한 쇼펜하우어가 맞았다.

나는 요가를 할 때마다 이 보상체계의 순환을 한 시간 반에 거쳐 압축 체험한다고 느낀다. 보기에는 간단한 스트레칭 같기도 하지만, 막상 제대로 된 동작으로 버티다 보면 땀이 줄줄 흐르고 팔다리가 후들거린다. 깊은 호흡으로 근육이 타는 듯한 고통을 겨우 견딘다. 동작에 집중해야 하는 상황과 고통 때문에 생각이

나 감정이 끼어들 틈이 없다. 의식이 온통 몸에 집중하는 동안 쾌감 역치는 한없이 내려간다. 그리고 그날의 수련이 끝나고 누운 이완 자세로 명상하며 고통에서 벗어날 때면 쾌락 호르몬 칵테일이 온몸으로 퍼지는 것을 느낀다.

우울감에 사로잡힐 때는 자신의 삶에 더할 수 있는 '적절하고 유익한 고통'을 탐색해야 한다. 운동이나 공부 같은 것 말이다.

고통을 통과해야만 행복을 얻는 시스템대로라면 고통과 불행은 유의어가 아니다. 고통과 한 쌍인 것은 행복이다. 따라서 살면서 고통이 찾아오면 그것을 행복할 기회라고 여기고 깊은 호흡과 함께 성장의 양분으로 만들면 된다.

행복은 쉽지 않지만 멀리 있지도 않다.

우울증과 우울감은 다릅니다.
본문에서 다룬 우울감은
누구나 삶에서 자주 마주치는 감정입니다.
때로는 좀 더 깊어질 수도 있지만
우울감이 깊다고 해서 우울증인 것은 아닙니다.
우울증은 무기력, 소화 장애, 불면증 등
기능 손상이 따라오는 '질환'입니다.
이 상태에서는 우리 안의 보상 시스템이
제대로 작동하지 않습니다.
기분 조절이 되지 않는 상태가 2주 이상 지속된다면
가까운 정신건강의학과에서 상담을 받아 보세요.
중년 남성의 경우 우울증이 화를 내는 등
공격형으로 발현되는 경우가 많다는
임상 보고가 있으니 이 점도 알아 두세요.

너무나 빨리 변하는 세상에
의연히
적응하는 법。

 십수 년 전 미래보고서를 다룬 책에서 투명망토가 80년 후에 상용화된다는 등의 온갖 예측을 흥미롭게 읽은 적이 있다. 그 두꺼운 책에서 세상의 흐름을 장황하게 예측하다가 좀 허무한 결론을 하나 내놓았는데 인공지능이 어떻게 세상을 바꿀지 예측이 불가능해 2045년 이후의 세상은 어떨지 도무지 알 수가 없다는 것이었다. 이제 다시 그때의 미래 전망과 요즘을 비교해 살펴보니 로봇이 집안일을 해주는 세상은 아직 오지 않았고 인공지능 발전은 훨씬 빠르게 다가오고 있다. 세상이 너무 빠르게 변하고 있고, 우리는 변화를 유독 빠르게 받아들이는 사회에 살고 있기 때문에 하루하루 경이와 불안을 동시에 느끼고 있다.

어떻게 하면 불안에 잠식당하지 않으면서도 이 새로운 세상에서 도태되지 않고 살 수 있을까?

내게는 정말 쓸모없는 자격증이 있다. 이 글을 읽는 독자들의 상당수가 아마 존재 여부조차 몰랐을 '타자기 자격증'이다. 개인용 컴퓨터가 본격적으로 보급되기 전에는 기업 내 문서가 타자기로 주로 작성되었다. 대학 합격 후 주어진 긴 휴식 시간 동안 타자라도 배워두는 게 좋을 것 같아 학원에 다녔다. 이후 몇 년 지나지 않아 인터넷이 보급되고 누구나 집에 컴퓨터 한 대쯤 가진 세상이 열렸다. 그렇게 해서 내가 타자기 다루는 법을 배운 일이 바보 같은 헛일로 전락했을까?

당시 타자기의 세벌식 자판은 키보드에 그대로 옮겨졌고 키보드를 자유롭게 다룰 수 있던 나는 컴퓨터에 누구보다 쉽게 적응했다. 학교에서 과제를 워드프로

세스로 작성해 제출하는 거의 최초의 학생이 되었으며 얼마 후 정보가 자본인 작가 일을 시작하면서도 더 자연스럽게 달라진 세상에 스며들 수 있게 되었다.

살던 세상에서 성실했던 경험이 새로운 세상에 적응할 수 있는 발판이 되어 준 것이었다.

5년 전 유튜브 크리에이터라는, 책 작가로서 터무니없는 직업을 내 삶에 추가하게 되었을 때도 비슷한 경험을 했다.

결과가 어떻든 오래 지속해 보기로 결심해 놓은 터라 모든 과정을 배워 혼자 하기로 했다. 어찌나 막막하고 초기 결과물이 엉망인지 보는 사람이 별로 없다는 게 다행으로 여겨질 정도였다. 그러나 점점 이 일에 적응해 나가면서 내가 25년 동안 책을 쓴 경험이 이 새로운 작업의 연료가 되고 있다는 걸 알게 되었다. 반짝이는 감각과 기술, 혹은 자본으로 무장한 이들이 콘텐츠 고갈로 하나둘씩 이 일을 포기하는 동안 나는 오랜 광산에서 채굴하듯 끝없이 이야기를 꺼내 올 수 있었다. 그 사이 인공지능 도구까지 발달하면서 구세계로부터의 이주민으로서 성공적으로 정착하고 있다.

 자고 일어나면 직군 하나가 사라지는 세상에서 어떻게 살아남을 수 있을까 두려워하기보다는 지금 하고 있는 일을 하루하루 해 나가면 된다. 그렇게 살다가 세상이 뭔가 새로운 것을 뱉어내면, 호기심을 가지고 하나씩 시도하겠다고 생각해 보자. 쪼그라든 출판계에서 밀려난 그 많은 인력들은 어디로 갔을까 궁금해하던 중 유튜브 채널에서 활동하는 작가들 상당수가 출판사 출신인 걸 알게 되었다. 자기 일을 성실하게 하던 사람들은 그걸 바탕으로 새로운 무대를 발견한다.
 변화를 거부하지 않는 유연함만 가진다면 우리는 인류 최초로 꽤나 재미있는 세상을 살아보는 행운을 누릴 수 있다.

에
필
로
그

나는 '식물 연쇄 살인마'였다.
굳이 따지자면 과실치사 쪽이기는 하지만 말이다.
집 한쪽에라도 초록을 두는 게 참 좋지만
그 생명력을 붙여두는 게 어려웠다.
화원에서 들은 주기대로 물을 주고
환경을 맞춰 주는데도
어느 순간부터 기력을 잃은 식물이 말라죽곤 했다.

몇 년 전부터 겨우 식물을 죽이지 않는 사람이 되었다.
식물을 원래 잘 알던 사람들은 누구나 알고 있고,
모르는 사람은 끝내 모를 비결은
동일한 매뉴얼을 적용하지 않는 것이다.

알고 보니 '이 식물은 일주일에 한 번 물을 준다'와 같은
매뉴얼은 가능성 있는 최소한의 제안이었다.
식물과 흙의 상태를 일일이 살펴서
그에 맞게 물을 주기만 해도 웬만해서는 죽지 않았다.
식물에게 더 해로운 게 물을 드물게 주는 것보다
과습이라는 걸 알게 된 건 충격에 가까웠다.
결국 식물을 살리는 것은
어설픈 매뉴얼을 따르는 것보다
유연한 관심이라는 걸 뒤늦게 깨달았다.

이 책은 삶이 매뉴얼에 얽매이지 않도록
도와주는 매뉴얼이라고 할 수 있다.
**이 혼돈의 세상을 살아내고 있는 당신이
자아를 꽃피우는
자신만의 방법을 알아낼 수 있기를.**

마음을　가지런히	
	초판 1쇄 발행 2025년 7월 10일
	초판 4쇄 발행 2025년 8월 20일
	글·그림 남인숙
	펴낸이 남혜성
	디자인 이윤임
	펴낸곳 리안북스
	출판등록 제2022-000097호
	주소 서울시 마포구 독막로 32안길 22
	전화 010-2767-6471
	팩스 0504-096-6471
	이메일 rian.books23@gmail.com
	ISBN 979-11-985696-2-2 (03120)

이 책은 저작권법에 따라 보호받는 저작물이므로 무단전재와 무단 복제를 금합니다.
이 책 내용의 일부 또는 전부를 재사용하려면 리안북스의 동의를 얻어야 합니다.
잘못 만들어진 책은 구입하신 서점에서 교환해 드립니다.